¡NO SOLO SOMOS PADRES!

Los Prieto Flores

¡NO SOLO SOMOS PADRES!

Un antimanual para ser padres
y no perder la cabeza

Papel certificado por el Forest Stewardship Council'

MIXTO
Papel procedente de
fuentes responsables
FSC
www.fsc.org   FSC® C117695

Primera edición: mayo de 2019

© 2019, Borja Prieto y Natalia Flores
© 2019, Penguin Random House Grupo Editorial, S.A.U.
Travessera de Gràcia, 47-49. 08021 Barcelona

Printed in Spain – Impreso en España

ISBN: 978-84-17001-91-9
Depósito legal: B-7.657-2019

Compuesto en Comptex & Ass., S. L.

Impreso en Black Print CPI Ibérica
Sant Andreu de la Barca
(Barcelona)

PB 0 1 9 1 9

Penguin
Random House
Grupo Editorial

A Polo, Lucas, Félix y Olympia

Índice

Parte 6

Parte 7

Parte 8

Prólogo

¿Has observado cómo tus amigos y familiares han cambiado radicalmente su manera de ser al reproducirse? ¿Te has preguntado por qué tu mejor amiga de repente se ha convertido en madre 24/7 y ha dejado de ser persona? ¿Tienes conocidos que antes eran unos piezas y que han desaparecido de la faz de la tierra después de tener su primer hijo? ¿Has pensado alguna vez si seguirán vivos? ¿Los has echado de menos? Nosotros sí. Este nuevo estado de tensión parental, de sobreprotección de los hijos y actitud radical tiene visos de convertirse en la nueva epidemia del siglo XXI. Esta nueva forma de crianza no te hace mejor padre ni madre y, créenos, os afecta a los dos, a vuestra vida de pareja y, claro que sí, a vuestra descendencia. Cuando te conviertes en padre o madre es importante mantener el tipo, ya que en unos meses os podéis transformar en personas horribles, en padres o madres zombis llenos de miedos y agobios, algo que no es precisamente lo que se necesita para esta nueva aventura de tener hijos.

Vivimos tiempos extraños en los que nos exigimos mucho y también exigimos mucho a nuestros hijos. Les quitamos tiempo de juego en pro de someterles a una rigurosa rutina a base de actividades extraescolares, idiomas y deportes y vaya usted a saber qué más. Nos empeñamos en sobreproteger a las criaturas creyendo que así crecerá su autoestima, cuando en realidad y sin querer estamos moldeando a pequeños narcisistas. Y nos empeñamos en preguntarles todo el rato qué es lo que quieren hacer. «¿Qué quieres de comer?» «¿De cenar?» «¿Qué te apetece hacer este fin de semana?» Además, les llevamos la mochila al colegio, les sostenemos el bocadillo en el parque y apenas les ponemos límites. Hemos convertido el núcleo familiar en una traicionera democracia con el fin de proteger a nuestros hijos y dárselo todo hecho. Los niños son los nuevos dioses de la casa.

Este estado de alerta parental es intenso y duro. Aunque lo ideal sería no cargarnos con más responsabilidades, hay mucha gente que al ser padre o madre agudiza ciertos comportamientos y los lleva al límite. Es habitual radicalizarse cuando uno se reproduce. Mucha gente encuentra sentido a su existencia y enseguida ve bien que todo gire alrededor de ese eje que es ser padre.

Esta apocalíptica tendencia coincide con un par de datos tajantes sobre la humanidad en general —y sobre España en particular— que la agrava todavía más: tenemos cada vez menos hijos; nos reproducimos más tarde y proyectamos todos nuestros deseos en ellos. Esta situación es un desastre y por eso hemos decidido escribir esta oda al sentido común.

Por supuesto, existe un ecosistema idóneo para dar rienda suelta a la proliferación de hiperniños perfectos. En los medios, por ejemplo, se habla de millones de libros, documentales, blogs y foros sobre maternidad, paternidad y crianza. Miles de autores, padres o no (sí, aunque no lo creas, hay gente que escribe del tema sin haber sido padres), que nos dicen lo que debemos hacer para que nuestros hijos duerman, coman, anden, hagan mejor la digestión, defequen en su justa medida y sean seres humanos civilizados. Miles de páginas y foros para mitigar nuestra ansiedad y nuestros nervios y resolver nuestras dudas. Millones de posteos y consejos para ser unos padres perfectos. El mundo infantil es una orgía de opciones para perfeccionar nuestro rol y nos ofrece un cúmulo de pautas para guiarnos «en el trabajo más importante de nuestras vidas». Existe un alarmismo feroz en un ecosistema cultural empeñado en resolver una ecuación tan simple como la de la reproducción humana; una ecuación que se resuelve casi siempre con el sentido común. Cuando agarras uno de estos *best-sellers,* a menudo te da la sensación de estar leyendo un manual de supervivencia para un ataque nuclear o una guerra. Además, las modas avanzan cada vez más rápido. Lo que hoy está de moda —véase un tipo de crianza, un alimento, una teoría...— al mes siguiente se denuesta. La información y las modas han cogido una velocidad galopante.

Todo es un agobio.

Este antimanual está enmarcado en un contexto del primer mundo; hablamos de pelotudeces y agobios que, saliéndose de un marco de clase media, podrían resultar insultantes. Casi todos los patrones que relatamos en estas páginas se repiten en gente de clases trabajadoras de muchas ciudades y pueblos del mundo. La locura de los padres es universal. Muchas de las chaladuras que leerás a continuación son radiografías de nuestra propia torpeza; seguimos cometiendo errores y, afortunadamente, nos vamos dando cuenta. Los padres perfectos no existen, que no te engañen.

Muchos de nosotros hemos criado a nuestros hijos fuera de la clásica estructura familiar, lejos de los consejos de nuestros padres, abuelos y familiares y totalmente empapados por internet. Queramos o no, hemos perdido el contexto familiar y favorecido la locura.

El libro que tienes en tus manos es una oda al sentido común, una radiografía de un montón de comportamientos que hemos observado a nuestro alrededor (o en los que hemos caído nosotros mismos) que confirman que la cuestión más importante cuando uno se ha decidido a tener hijos es no perder la cabeza.

Históricamente, el ser humano se ha reproducido de una forma natural. Mucho antes de los productos ecológicos, los pañales autoabsorbentes o el yoga aéreo para niños, hemos sido capaces de reproducirnos y sobrevivir. ¿Por qué no lo vamos a hacer ahora? De verdad, tener hijos es algo natural, no un máster en gilipollez humana.

La importancia de no convertirte en una ameba social

Empecemos por admitir algo que en estos días es políticamente incorrecto: no solo somos padres. Tenemos pareja, proyectos personales y profesionales, aficiones y *hobbies*, familia, amigos y todo eso que teníamos antes de reproducirnos. Y lo ideal, claro, es no tener que renunciar a ello. Hacer girar tu vida alrededor de tu nueva condición de padre o madre es malo para tus vástagos y sobre todo para ti mismo. A la larga acabará quemándote y cegándote y luego vendrán las crisis existenciales, depresiones y quemazones. Además, pasar por cualquiera de estas tensiones, con todo el peso, cansancio y energía que supone ser padre, es durísimo.

No somos del Opus Dei, ni fieles de una secta exótica, ni nuestra profesión es la de paseadores de niños

Nosotros nos decidimos a ser padres a una edad más o menos temprana para la media de este país, donde no es precisamente fácil criar niños. A los treinta, aproximadamente. A los que nos lean desde otros países quizás este dato les resulte exagerado. Treinta años, efectivamente, no es una edad muy temprana para tener hijos, pero, en el país en el que vivimos, si no tienes padres ricos ni muchas facilidades a tu alrededor, tener niños no es una tarea demasiado sencilla. Lo normal en nuestra piel de toro es empezar a pensar en reproducirse varios años después de haber dejado de vivir con los padres, o sea, tarde. ¿Veinticinco años? ¿Veintiocho años? ¿Treinta años? Luego llega la etapa de vivir juntos, tomar la decisión, hacer cálculos matemáticos y cuentas imposibles de economía doméstica, superar la idea de que tener un hijo va a truncar tu carrera laboral y, finalmente, dar ese paso tan especial que cambiará tu vida para siempre.

España tiene el «honor» de ser uno de los países que más sufre el drama de la baja natalidad en Europa. Hay varios factores que nos brindan semejante marrón, principalmente las condiciones laborales. No nos decidimos a reproducirnos hasta pasados los treinta y la media de número de hijos por familia mientras tecleamos estas palabras que estás leyendo está en la friolera de 1,33 hijos, el dato más bajo desde los años cuarenta. Según datos de Eurostat,[1] España es el país con menor tasa de fertilidad del continente. Así que, bueno, es normal que, al vernos paseando por la calle rodeados de una manada de niños, la gente se pregunte si somos del Opus Dei, fieles a alguna secta exótica o si nuestra profesión es la de paseadores de niños.

Sí, efectivamente, hemos criado a cuatro niños y hemos sobrevivido. Sin agotar a nuestros progenitores —afortunadamente para ellos, viven lejísimos—, evitando que el estrés destruya nuestra convivencia y sobre todo procurando que reine la paz en nuestro poblado seno familiar.

Dentro de nuestro grupo de amistades, siempre hemos sido los valientes, unos pioneros, unos locos. Nuestro entorno ha empezado a parir churumbeles más tarde, en la horquilla que va de los treinta y cinco a los cuarenta años, y entonces han comenzado a suceder cosas raras. ¿Te suena? Es una paradoja extrañísima, pero precisamente muchas de las personas más desfasadas de tu juventud, en el momento en que se reproducen, se convierten en verdaderos talibanes de la hipermaternidad. ¿No notas que algunos de tus conocidos están enloqueciendo? ¿No tienes amigos del alma que eran gente normal y que de repente están perdiendo los papeles? ¿No conoces a personas que antes eran los reyes de la fiesta, se bebían hasta los maceteros, se esnifaban el Everest y al reproducirse se han vuelto radicales de la alimentación sana? ¿No notas comportamientos rarunos a tu alrededor? ¿Eres incapaz de tener una conversación como las de antaño con tu amiga del alma porque de repente solo habla de pañales, ingredientes de potitos y heces? Nosotros sí.

¡No solo somos padres! no pretende sentar cátedra, nuestra profesión no es la pedagogía ni tampoco queremos erigirnos en gurús de la paternidad.

Tomémonos estas páginas como una disección personalísima del maravilloso mundo de la paternidad. Desde la experiencia, y a veces con cierto tono humorístico, nos adentraremos en situaciones

1. <https://ec.europa.eu/eurostat>.

propias de este nuevo estado, donde te reconocerás y donde reconocerás a los que te rodean: a los familiares pesados, a los padres y madres de la guardería, a los mequetrefes que asaltan tus cientos de grupos de WhatsApp y un largo etcétera. También repasaremos fiestas de cumpleaños, parques y colegios y diseccionaremos un sinfín de situaciones a las que nos enfrentamos en el día a día. Bienvenido o bienvenida a la montaña rusa más vertiginosa de Occidente: la crianza en tiempos modernos.

Parte 1

Tener hijos es algo natural, no un máster en gilipollez humana

Gente que pierde su identidad al parir. Síntomas absurdos que indican que se te está yendo la cabeza. Padres monotema. Adictos al WhatsApp. Di no a la quinoanización y la hipsterización. Ojo, tu hijo no es Einstein, ni tampoco Beyoncé. Cosas que te van a pasar al reproducirte y unos poderes que no pediste, pero te serán otorgados.

1. Tener hijos es compatible con casi todo

Es muy importante no perder los papeles y no dedicar tu vida en cuerpo y alma solo a tus hijos. A mucha gente le pasa. Mucha gente se reproduce y enseguida vuelca su existencia en su nueva condición de madre o padre. Este giro radical habitualmente es un error, no todas las formas de amar son sanas. Este amor ciego puede provocar que pierdas una parte de ti mismo. Es importante no confundir este amor desbordante con una espiral autodestructiva de tu propia identidad. Se puede querer a los hijos, ¿pero es sano borrar nuestra existencia al tenerlos? Nuestro voto es NO. Es un riesgo y a la larga un flaco favor que les estamos haciendo a nuestros churumbeles.

2. Diez síntomas que pueden indicar que estás perdiendo la cabeza

Repasemos algunos comportamientos que pueden indicar que se te está yendo la cabeza en esto de la crianza; si has caído en alguno de ellos empieza a preocuparte:

I. No serás un padre monotema o, peor aún, un padre ventrílocuo

Somos conscientes, tener un niño te cambia la vida pero sobre todo te cambia a ti, lo que no significa que acabe contigo. Evita hablar a todas horas de las heces de tu hijo, de su primer diente, sus primeras palabras o pasitos; solo son relevantes para tu familia más cercana. Empiezas así y acabas poniendo vídeos familiares domésticos en una reunión de amigos y luego te extrañas si no te vuelven a llamar. A todos los niños les salen dientes, no solo al tuyo. Antes te mandaban fotopenes que te importaban una mierda y ahora te mandan fotos de mierdas de bebés. Empieza por asumir que tu nueva vida es una caca. Muy importante, trata de evitar en lo posible hacer de padre ventrílocuo, la gente que no tiene hijos te tomará por un demente. Los padres ventrílocuos son aquellos que, cuando alguien se acerca a su hijo o hija para saludarlos o hacerles carantoñas, responden con voz de bebé como si fueran su propio hijo: «Estoy muy bien, gracias tiíto Carlitos». Si has hecho esto alguna vez, no lo hagas más. En serio, es una ridiculez absoluta.

II. Aceptarás tener más notificaciones que un *influencer*, pero de WhatsApp

Uno de los cambios más significativos en la vida de uno cuando se convierte en padre es la tremenda proliferación de grupos de Whats-App. Hablaremos largo y tendido más adelante de esta epidemia, pero por ahora solo queremos resaltar el peligro que suponen. De la noche a la mañana tendrás las mismas notificaciones que un *influencer*, solo que, en vez de tener a hordas de jóvenes prepúberes aplaudiendo tu última pose, tendrás a cientos de padres enloquecidos hablando de cualquier cosa, venga o no a cuento. Por cierto, los *influencers* ganan dinero y tú lo harás gratis. Te enterarás si Manolito ha perdido el jersey en clase y cuando lo recupera, o de las opciones que hay para el regalo de la profesora. También verás lo que les parece todo esto a cientos de padres y madres que contestarán con emoticonos y onomatopeyas de júbilo en cada uno de los posteos que se escriban en los numerosos grupos. Sin que te des cuenta, perderás minutos y horas de tu preciada existencia por estar al día en estos chats del demonio. ¿Sabes qué es lo peor de todo esto? Que enganchan.

III. No confundirás *amor* con *obsesión*

Querer lo mejor para tus hijos y llevarlo al extremo es el primer paso para ingresar en un psiquiátrico. Hay gente que hace auténticos *castings* para buscar niñera o emprende complicadísimas investigaciones para elegir la leche en polvo que dará a su vástago. Tenemos una amiga que incluso hizo un Excel comparativo de pañales como si se tratara de decidir el próximo plan de gobierno. Déjate de paranoias, aunque no lo parezca criar a un niño es algo natural y no un dificilísimo máster en el Harvard de Aravaca, perdón, en el de Boston (Massachusetts). Un buen día te cansarás de estar encima de tus hijos, de no dejarlos ni respirar y de querer moldearlos para convertirlos en una especie de superhijos. Y cuando te quieras dar cuenta y sientas unas ganas inhumanas de recuperar tu anterior vida, ya no será posible. Tus amigos y familiares se habrán hartado de tus épocas de padre helicóptero, sobreprotector, *über* padre y papanatas. Es más importante criar personas que superhijos. Por nuestros hijos matamos todos, pero Belén Esteban solo hay una.

IV. No lo «quinoanizarás»

La alimentación sana es básica para los pequeños. Alimentarlos bien será una cruzada constante para la pareja. Durante años haremos lo posible por evitar la bollería industrial, por hacerles creer que las judías, el brócoli y las lentejas son sabrosísimas y buenísimas para su organismo, y trataremos de que prueben lo más tarde posible las gaseosas de colores tentadores. Seremos buenos padres, padres responsables. Pero sobre todo intentaremos no obsesionarnos con alimentar a nuestros hijos con comida que parezca un bodegón de Instagram. Quizás el kale, la quinoa y la leche de arroz sean alimentos supersaludables para TU alimentación, pero debemos reflexionar antes de imponer nuestros hábitos veganos a nuestra descendencia. Los niños tienen necesidades distintas de las de los adultos. En su fase de crecimiento necesitan un aporte extra de proteínas, calcio, zinc y vitaminas (D, B12) que una dieta caprichosa y autorregulada no tiene. Antes de lanzarte a replicar tus hábitos en tu crianza piensa en tus hijos como seres independientes y, sobre todo, piensa en que luego oímos historias de críos que se desmayan en toboganes y que tienen cuadros de depresión y nos echamos las manos a la cabeza.

V. Admitirás que es duro

No admitir que no duermes es un error. Tener hijos es duro y cambia tus hábitos y te cambia a ti. «Estamos adaptándonos»; «esto son fases»; «he leído que en seis meses podré dormir»... Mientras dices estas mentiras, la gente ve tus ojeras de yonqui, sabe que llevas la misma camiseta desde hace tres días y se ha percatado de que has salido en zapatillas de abuelo a la calle. No ocurre nada, ya pasará. Cuando tu hijo cumpla quince años volverás a tener vida. Es broma; si lees este libro, la recuperarás antes.

VI. No hipsterizarás también a tus hijos

Otro clásico de la modernidad son los padres hípster que invaden la existencia, gustos y quehaceres de sus pequeños con absurdas referencias nada propias de un infante. Son todos esos padres que presumen de los gustos musicales de sus hijos; que si a mi hijo le encantan los Smiths o le flipan Joy Division. Muchos de nosotros hasta les compramos camisetas, ¡sí, nosotros también hemos caído!

La realidad es que todos estos padres nos dan envidia, nosotros tenemos cuatro criaturas y lo único que escuchan son sonidos abominables. Uno escucha compulsivamente una cosa que se llama el Osito Gominola, que es bakalao puro, del de Valencia; otros dos ni sienten ni padecen; y nuestra hija nos obliga compulsivamente a ponerle el «Baile del gorila» de Melody a todas horas, mientras se marca su propia coreografía convencidísima.

Y, por supuesto, todos, desde el primero a la última, han tenido la clásica fase de Cantajuegos. Y sí, obviamente nos hemos tragado horas y horas de «El payaso Tallarín», «Para dormir a un elefante», «El pollito Lito», «El burrito Pepe», «Susanita tiene un ratón» y demás hits machacones. Podríamos recitarte cada una de sus estrofas, cantar sus melodías a la perfección e incluso, debido a nuestra sobreexposición a esta droga infantil, marcarnos cada uno de los pasos de baile de dichos hits. Tu hijo bailará «Love Will Tear Us Apart» con elegancia y cabizbajo, pero los nuestros han disfrutado como bestias del universo Cantajuegos y hasta ahora no hemos observado secuelas. Una vez hasta osamos llevarlos a ver Cantajuegos en directo y te podemos asegurar que nada en este planeta, ni siquiera la resurrección de Ian Curtis, podría hacer tan felices a unos niños. Es importante dejar que tus gustos no impregnen demasiado el radar musical y existencial de los tuyos. Además, puede resultar peligroso; piensa que si sigues en tu empeño te pedirán ir antes a un festival que a unas colonias y por Reyes querrán una carísima caja de seis vinilos transparentes con libreto de 200 páginas. Nosotros hemos avisado, a cada uno lo suyo.

VII. No sustituirás a tu médico o psicólogo
     —y menos a tus amigos— por internet

Otro quehacer que debes evitar es ¡buscarlo todo en internet! Un clásico de ser padre es que tus miedos y sobresaltos te lleven a buscar respuestas constantemente. Los foros y webs de internet son una buena fuente de consulta, pero no de prescripción. En la medida de lo posible, no te pierdas en foros alarmistas ni saques en claro de tus primeros vistazos a Google que tu hijo tiene un virus indomable. ¿Será normal que lleve dos días sin ir al baño? ¿Es sano introducir en el culo de mi hijo un tallito de perejil para que asome esa caca que no quiere salir? En serio, ¿por qué necesitamos el consejo de miles de personas anónimas en internet cuando tenemos doctores y especialistas para consultar? Hazlo, los pediatras suelen ser personas con trabajos vocacionales y por norma general son majos y majas y además —¡sorpresa!— han estudiado. Acude a ellos, todas las veces que quieras; cuando te asalten los miedos, cuando sea. Nosotros a veces tenemos la paranoia de que nuestra pediatra se cree que somos idiotas. Vamos para todo, la llamamos más que a nuestras madres y nunca ha puesto mala cara ni nos ha contestado con desgana, por lo menos en público. Los niños no son un experimento y, así como conviene vacunarlos, conviene también someterlos a una vigilancia pediátrica lejos del cosmos experiencial y alarmista de los foros de internet.

VIII. Cuidarás tu relación de pareja sobre todas las cosas

Cuando tienes tu primer hijo, un sopapo extraordinario, de aquellos que repartía Bud Spencer con la mano abierta, sacude tu existencia. Todo lo que te habían contado es poco; dormirás menos, te estresarás más y adoptarás un *modus vivendi* servicial muy loco. ¿Has observado la fragilidad de un gatito recién nacido alguna vez? Pues ese ser indefenso es He-Man o She-Ra al lado de tu churumbel. Un ser frágil, que a medida que crece adquiere autonomía, pero los peligros también se van multiplicando. Estas nuevas criaturas necesitan tu atención permanente, por eso es tan importante no olvidarte de tu pareja. Desde este humilde panfleto te recomendamos que trates de alimentar la libido de tu pareja, no te olvides de —ni olvides a— tu cónyuge. Si lo haces, comenzará un declive imparable y casi siempre imperceptible en la pareja.

Padres y madres: aseaos; sed amables; ofreceos en la ayuda; tratad de equilibrar vuestro egoísmo y vuestros *hobbies* con la vida conyugal; tratad de evadiros de vez en cuando y salir a cenar sin niños; enganchaos frenéticamente a varias series a la vez; vedlas juntos; tocaos; regalaos tratamientos de belleza y no dejéis que vuestra nueva monotonía rompa vuestra magia prepadres. Fornicar también mola después de tener hijos. Y sí, sí se puede.

IX. Respetarás las extremidades de tus hijos en Instagram

Hay cientos de padres que quieren preservar la identidad de sus hijos, pero no pueden resistirse a compartir su nueva vida en Instagram, por eso, en vez de subir una foto de su hijo, postean partes de él: un tronco, una manita, un bracito, un occipital de perfil. Lo primero que debes pensar cuando caes en esta trampa es que puede resultar extraño para los demás. Es más, a muchos nos da miedo y pensamos que tu *timeline* da mucho yuyu y se asemeja más a un manual de anatomía infantil que a una cuenta de una madre o un padre feliz.

> Padres y madres: ¡centraos y dejad de dar miedo! Mostrar cráneos segmentados y extremidades solitarias, por muy artísticas que os parezcan, es muy raro.

En el esfuerzo por mantener la privacidad de hijo, cosa que nos parece totalmente sabia, al final acabas cayendo en una práctica muy ridícula; si no quieres sacar a tu hijo, no lo saques.

X. No lo inmortalizarás todo

El punto máximo de obsesión parental, ese en el que tus allegados deberían pensar en pedir cita en la López Ibor, es cuando inmortalizas su crecimiento con objetos físicos que dan mucho yuyu.

Aquí tienes algunos ejemplos que nos hacen perder la fe en la raza humana. Ninguno de estos elementos de *merchandising* familiar es invención nuestra; son realidades aplastantes. La realidad a veces supera la ficción, como en estos casos:

☀ Extremidades en yeso

Ahora, gracias a los adelantos de la impresión en 3D, puedes recrear un piececito o las manitas de tu churumbel en un molde de yeso. Estas extremidades te las entregan en un marquito y se supone que el espantoso bodegón se cuelga en algún rincón de tu casa y se acompaña de una inscripción con el día de nacimiento y nombre de tu hij@. Como elemento decorativo es terrorífico, como recuerdo sentimental resulta macabro. Esas manitas y piececitos también se pueden combinar con las tuyas, creando una composición terrorífica propia de una película de las chungas de la factoría Troma, cuna del más exquisito gore universal. Lo cierto es que con la tecnología 3D se hacen auténticas virguerías.

☀ Dientes al estilo icono del rap

También puedes reproducir su primer diente en oro y llevarlo colgado del cuello; si haces eso, mejor hazlo con una muela tuya, que queda más pintón.

☀ Ecografías de esas que dan miedo

También puedes regalar a tus allegados una de esas ecografías en 3D donde todos los niños parecen vástagos de Jabba the Hutt. Ahora también se graban en 360º y te entregan hasta gifs para que puedas compartirlos en tus redes sociales.

☀ Anillos y colgantes con restos de tu hijo

La última moda en los souvenirs *creepies* está inspirada en la criogenización. Ahora, incrustados en un bello colgante, pendiente, anillo o pulsera, puedes conservar dientes, un manojo de pelos, unas gotitas de leche materna, un trocito de cordón umbilical seco e incluso un pedazo de placenta encapsulada. Esta rarísima técnica permitirá que siempre vayan contigo esos despojitos que tanto han marcado tu crianza y parto. Tus mejores recuerdos contigo para siempre. Escatológicamente precioso.

☀ Moldes de barrigas embarazadas

¿Te gustaría tener el molde de tu barriga de embarazada? Pues ahora es posible inmortalizar tu triponcia y recordar para siempre los veinte kilos que engordaste, gracias a empresas que crean el molde como souvenir. Las ventajas del molde son múltiples: tiene una mayor superficie y te lo pueden entregar pintado o como un lienzo en blanco para que des rienda suelta a tu creatividad. El resultado es un bol tamaño dinosaurio, ideal para centros de mesa o rincones especiales de tu casa. Además, cuando te pregunten por las gigantes dimensiones del bol, puedes contarles tu historia y tendrás la certeza de que si vuelven a quedar contigo y no salen corriendo es que son amigos para toda la vida.

Si has pecado en alguno de estos puntos, no te deprimas; nosotros también. Tenlos en cuenta y trata de amortiguarlos y verás cómo tu existencia se irá destensando. Por algo se empieza.

3. Asúmelo, tu hijo no es Einstein, tampoco Beyoncé

Si piensas que tu hijo dibuja como Dalí, habla como un premio Nobel para la edad que tiene y baila como Beyoncé, seguramente estés chocheando. Es normal; no pasa nada, puedes pensarlo y quedarte esa bonita sensación para ti, pero no se lo cuentes al primer vecino que te encuentres por la escalera. Lo sentimos, pero tu hijo dibuja como cualquier otro, balbucea acorde con su edad y baila como un pato mareado. Es más, cuando los demás lo ven bailando sonríen apurados mientras se preguntan para sus adentros si tiene algún problema de psicomotricidad o una pierna más larga que la otra. Es lo que hay, todos los niños son creativos, no solo el tuyo.

La sensación de emocionarte con lo que hacen tus hijos es algo indescriptible. Cada vez que veo a mi hijo dibujar me emociono, guardo alguna de sus obras de arte en una carpeta, lo llevo a clases de dibujo y hasta cuelgo sus lienzos con claras referencias a Basquiat en Instagram y en casa, pero ya. Ahí debes dejarlo; en un irrefrenable ataque de amor, en una de esas sensaciones que dan sentido a la vida. Ahí debe quedar. Cuando este agradable chocheo cruza la línea de la obsesión, hay que pararlo. Esperar que tu hijo cumpla tus sueños no conquistados es un marrón. Y esto a los padres nos pasa a menudo. Sobredimensionar las aptitudes de nuestros hijos puede acabar en drama. Ojo, porque te puedes ver envuelto en alguno de estos casos:

Acabar llevando a tu hijo a un concurso de televisión

A veces, cuando vemos concursos de talento en televisión, no podemos evitar que nos asalte una extraña sensación. Como multipadres que somos, nos estresan varias cosas; la primera es la ilusión desbocada de los padres, familiares y amigos. A veces parece que la ilusión es suya y no de los atrevidos concursantes. Otra cosa que nos deprime es el posible estrés al que se ven sometidos estos pequeños cantores y cantoras; los focos, los platós, las interminables horas y —lo más importante— la decepción de los que no pasan el corte. Un cóctel de emociones demasiado duro incluso para un adulto. Pese a esta situación, quizás un poco exagerada, debemos reconocer que nos emocionamos con suma facilidad y somos los primeros que lloramos viendo estos shows. Ser padre también hace que te pongas sensible al ver a otras criaturas, aunque canten fatal.

Acabar dando vergüenza ajena a tu propio hijo

Testimonio de Borja:

> Hace años llevé a mi hijo mayor a clases de fútbol. Entrenaban dos veces por semana y los sábados tocaba partido. Me lo pasaba pipa en los partidos; sufría, gritaba y charlaba de temas poco trascendentes con otros padres y madres hasta que mi hijo decidió desapuntarse porque le agobiaba tanto entrenamiento. Siempre que recuerdo esa época, me viene a la cabeza un padre muy loco. Un señor que se creía entrenador, árbitro y psicólogo al mismo tiempo: un verdadero hombre del Renacimiento. Gritaba como un energúmeno, daba lecciones e indicaciones al entrenador, azotaba verbalmente al árbitro, le llamaba de todo... En cada «me cago en tus muertos», «hijo de mil putas» o «subnormal de los cojones», narraba incons-

cientemente su frustración. Su hijo no era precisamente Messi, pero él insistía en moldearlo con sus latigazos verbales y órdenes atenazantes. En vez de dejar disfrutar al niño del partido, del compañerismo y del juego, estaba empeñado en incentivarle la parte competitiva y hacer desaparecer la parte humana, sin darse cuenta de que al niño le estaba haciendo pasar un mal momento delante de sus amigos.

No olvidemos que los hijos, sobre todo hasta los diez años, buscan agradarnos y están dispuestos a sacrificar sus verdaderos deseos por vernos felices, incluso cuando nos transformamos como un gremlin en una piscina después de las doce de la noche. Disfrutemos el momento, no proyectemos nuestros deseos en ellos o la frustración se adueñará de nosotros. Amén.

4. ¿Qué necesito saber para tener hijos?

No se necesita saber nada. Tener hijos está más ligado al instinto y al buen criterio. Lo que sí es absolutamente necesario considerar es la energía vital. Cuando nuestros allegados dudan si lanzarse o no a tener hijos, siempre les respondemos lo mismo: todo se reduce a tu energía. ¿Energía? ¿Y los gastos? ¿Y lo de las noches sin dormir es verdad? Sí, obvio, pero, ¿tienes energía? Pues adelante. Esta escueta y directa respuesta nada tiene que ver con un consejo al estilo chamán o ser de luz *hippie*. Se refiere a la energía vital. Para tener hijos hace falta mucha. Mucho esfuerzo físico y mental para admitir a un nuevo ser en tu núcleo de pareja. Hasta el momento en el que decidiste reproducirte, estabas acostumbrado al *dolce far niente*, al ocio y a los planes sin complicaciones. Ya no. Cuando te reproduces, un tercer elemento destruye tu orden vital. Un extraño entra en tu vida como un violento huracán. Tu objetivo a partir de entonces es el equilibrio, tratar de que ese huracán no destruya tu «yo» ni, sobre todo, tu convivencia.

Cosas que te van a pasar de repente

- ✓ Tienes a tu cargo a un ser. Es como una cría de animal, pero mil veces más indefenso. No sabe hacer nada. Lo tienes que hacer tú todo. Es una presa fácil.

- ✓ Ese ser come cada tres horas, incluidas las noches. Obviamente, no sabe hacer la o con un canuto, así que lo tienes que alimentar tú.

- ✓ Es fan del peligro; a medida que crece desafía tu atención y tus reflejos. Se mete cualquier cosa en la boca, se aproxima mareado a las esquinas más peligrosas de tu casa y le parece una buenísima idea meter los dedos en el primer enchufe que se cruce en su camino.

- ✓ Hace caca y pis. ¿Recuerdas cuando el simple olor a mierda te producía unas nauseabundas arcadas? Enseguida vas a manejar heces con la maestría de un crupier. Serás insensible a su olor y aguantarás cualquiera de sus formas; incluso celebrarás cuando venga una que se haya hecho esperar. Además, desarrollarás una sorprendente tolerancia al olor a mierda y limpiarás orinales sin rechistar. Es increíble, pero cierto.

- ✓ Si tienes suerte, algunas veces llora. Si no la tienes, llora mucho y lo ideal para no volverte tarumba es que te levantes y los calmes con ternura. Hay mucha gente que dice que se pasa años sin dormir. ¿Te imaginas?

No seguimos porque no queremos deprimirte y porque es verdad que los niños también son un subidón enorme. En todo caso, como habrás advertido, para soportar este cambio radical en los acontecimientos de la vida, uno debe tener, sobre todo, energía. Tenemos una teoría que dice lo siguiente: gente sin hijos, no nos dais pena. Sostenemos que todas esas personas que se quejan de sus ajetreadas vidas se quejan por vicio, simplemente. Lo que está claro es que, cuando en la ecuación de esa estresante vida de la que presumen muchos entran los niños, la cosa se vuelve más loca y conviene adoptar ciertas medidas para no acabar ingresando en un psiquiátrico en tiempo récord. Aparte de la energía, es fundamental que la pareja tenga ganas. Parece una gilipollez, pero este gesto tan importante es una decisión que hay que meditar. Ambos miembros de la pareja deben acordar y comprometerse a estar ahí el uno para el otro. Aunque no lo creas, hay, por ejemplo, padres que no son niñeros.

5. Tus nuevos superpoderes

Cuando buscas «cambios al tener un hijo» en Google, sorprende la relación de palabras que aparecen: desafío, intensidad, fatiga, exhaustivo, cansancio... Efectivamente, el cambio es brusco, pero hay algo que crece en ti. De repente adoptarás y abrazarás nuevos poderes extraños; te convertirás en una especie de superhéroe o superheroína capaz de cualquier cosa. A continuación, una relación de tus nuevos poderes. Suenan aburridos y cero peliculeros, pero, creednos, son superpoderes:

La paciencia

Desarrollarás una increíble capacidad paciente. Dialogar y negociar con niños pequeños es muy gracioso, pero no entenderás el chiste hasta que la paciencia se convierta en tu nuevo estado de trance. Con demasiada frecuencia, los padres descargamos nuestro estrés diario en nuestros hijos, muchas veces sin darnos cuenta de que son niños. Un día cualquiera, los afortunados que trabajamos llegamos a casa a una hora prudente y para muchos comienza una nueva jornada laboral en la que hacemos cenas y deberes, cambiamos pañales, duchamos a los niños y así un sinfín de tareas domésticas que, cuando te quieres dar cuenta, han ocupado dos o tres horas de tu día, de tus horas libres. Antes te dejabas caer en el sillón, ahora ese desplome es un lujo. Es habitual perder los nervios. No puedes pretender que todas estas tareas poslaborales vayan como la seda. Los niños a veces están cruzados, no son obedientes y se ponen pesados y esto, a menudo, puede con nuestra paciencia. Poco a poco, y si encajas con calzador el tiempo para estar con ellos y entiendes que esto es lo que toca, desarrollarás el superpoder de la paciencia infinita, una cualidad que te servirá para otros rincones y avatares de tu existencia.

Una vez vinieron unos amigos con sus hijos a casa. Los niños se fueron a jugar mientras nosotros disfrutábamos de una agradable charla. Enseguida invadieron el salón; corrían alrededor de nosotros sin perturbarnos lo más mínimo. Apenas advertíamos su presencia. Uno de los presentes grabó un vídeo de la situación. Al verlo horas después, parecía otra escena: los seis niños corrían como locos en círculos, gritaban consignas guerreras, nos saltaban por encima y nosotros sin inmutarnos: ajenos al alboroto, conversábamos tranquilamente, reíamos y chocábamos vasos de vino. Ahí comprendimos que los padres y madres también poseemos una capacidad de abstracción muy desarrollada.

Nuestra paciencia no tiene límites. Si desarrollas el superpoder de la paciencia, también podrás enseñar a los niños a tenerla. Si adquieren el don de la paciencia, serán menos ansiosos y más tolerantes. Es primordial que los niños no se perturben cuando no consiguen lo que quieren al instante y que aprendan a controlarse, a manejar sus expectativas y su frustración. Estos milagros suceden gracias a la paciencia. Por cierto, para alcanzar ese estado de paciencia parecido al trance, es necesario que madre y padre se alternen en sus responsabilidades. Cuando uno flaquee, el otro coge el relevo. Sin este equilibrio de fuerzas, es inviable alcanzar el objetivo.

El sacrificio

En esta época de autoexplotación y egolatría, sacrificarte por los demás —aunque sean tus propios hijos— te aportará bienestar. Entenderás inmediatamente el significado de sacrificio, una palabra que etimológicamente se compone de «sacro» y de «hacer»; esto es, no sufrir las cosas sino hacerlas sagradas. Suena cursi, pero es así: hacer sagradas las cosas sacrificándote por los demás es un acto desmedido de amor infinito y de crecimiento personal. Tú, que podrías estar levantándote a la hora que te dé la gana, saliendo hasta las mil y poniéndote como las maracas de Machín, has decidido sacrificar tu indómita existencia por convivir con unos seres pequeñajos y anarquistas. Pronto te verás a ti mismo levantándote a las tres de la mañana sin rechistar para hacer un biberón con el que calmar unos llantos desenfrenados, abandonando una interesante conversación con amigos por cambiar un pañal de esos que pesan, o descartando una y otra vez planes salvajes porque en el fondo lo que te apetece es otra cosa.

El equilibrio y la priorización

Tener hijos te aporta un orden mental y estructural que no conseguirás ni viendo un maratón de Marie Kondo en Netflix. Este tipo de sensaciones son difíciles de explicar a la gente que no tiene hijos, pero lo intentaremos. Para los que hemos tenido vidas desenfrenadas y hemos sido unos bandarras, tener hijos aporta un equilibrio vital que no tiene precio. De alguna forma, la responsabilidad que supone tener a tu cargo y para siempre a churumbeles cambia tu esquema de prioridades. Una vez más repetimos lo mismo, tener hijos, más allá de cambiarte la vida, te cambia a ti e inevitablemente hace que tu vida sea más estructurada. Hay cosas que ya no se te pueden pasar: no puedes tener la nevera vacía, no puedes desatender el calendario de vacunas y médicos, no puedes dejar de inscribirlos en el colegio... y así un sinfín de obligaciones que indirectamente ordena tu forma de vivir.

Tener hijos también te ordena la vida. Hace como una limpieza de tus actividades. La necesidad de acotar tu tiempo te lleva a enfocarte en lo realmente importante. Por supuesto, tus hijos ocuparán una parte fundamental de tu existencia, pero también te ayudarán a centrarte en lo realmente importante o, más bien, a abandonar todos esos planes y proyectos pelotudos que te iban a ocupar mucho tiempo y probablemente a reportarte algún que otro disgusto. La priorización lleva al orden y esto es algo que nunca agradecemos lo suficiente a nuestros vástagos, y deberíamos. Desde aquí, muchas gracias.

La comprensión

Ser comprensivo te hace mejor persona. Entendemos que los primeros meses de los niños son duros; también entendemos la desesperación, el cansancio y las ganas de rebobinar tu existencia, es comprensible. Criar churumbeles te convierte en un ser automáticamente más comprensivo. Lidiar con niños te hace comprender otras realidades loquísimas. Mediar en una conversación entre dos de tus hijos y llevarlos al acuerdo, aparte de ser un acto heroico, te va convirtiendo en un ser comprensivo capaz de apaciguar cualquier conflicto. Comprender a los demás te ayudará a desenvolverte en la vida con cierta empatía, a resolver conflictos absurdos e imposibles y a no alejarte del camino del entendimiento. Una vez más, un regalo que mejora tu convivencia con el resto de adultos.

El amor

No queremos ponernos cursis pero la sensación es indescriptible. No hay vocablos, ni adjetivos suficientes en el diccionario de la RAE, ni tampoco en la jerga popular, para describir cómo se desarrolla en ti la capacidad de amar cuando tienes hijos. Es algo físico, algo psicotrópico... Por ejemplo, estás en la oficina y de repente te pones a pensar en alguna escena de la noche anterior —un baño, una charla, una cena— y de repente un escalofrío te recorre todo el cuerpo y te empaña los ojos. Así, solo con pensarlo. Es como un enamoramiento adolescente; intenso, frenético, enérgico y tan real que lo puedes oler y visualizar. Es tan jodidamente bonito que, efectivamente, lo compensa todo.

Parte 2

Antídotos para una vida llevadera

Un paseo por el peligroso mundo de comer en restaurantes con niños. Algunas técnicas para no estresarse mientras se come en restaurantes con niños. Algunos padres maleducados. Adultos que nos odian y ejemplos de países donde los niños no son un fastidio.

Para encontrar ese equilibrio entre tu vida parental y social en el que tanto insistimos, debes tratar de hacer vida normal. Básicamente, debes tratar de hacer lo más pronto posible alguna de las cosas que hacías antes. Hemos visto a amigos a los que se los ha tragado la faz de la tierra y que, por ejemplo, han estado dos años sin hacer un plan, sin ir al cine o salir sin niños. Dos put*s años, ¿en serio? Obviamente, están todos desquiciados y no saben comportarse. Cuando te cruzas con uno de ellos en una cena con amigos, al segundo whisky ya te están contando todas las movidas de su desperdiciada existencia; que si no follan, que si llevan cuarenta y tres días sin dormir... La única forma de parar ese estado zombi es obligarte a hacer planes cuanto antes. Cuando veas la luz y decidas retomar alguno de esos planes de antaño, ten en cuenta que con hijos estos planes se pueden convertir en un deporte de riesgo. Aquí repasamos algunas de las más peligrosas actividades que puedes hacer con los tuyos.

6. Enhorabuena, ya puedes llevarlo a un restaurante. Gracias, PJ Masks

A la gente en general le molestan los niños; en el cine, en las tiendas y, sobre todo, en los restaurantes. Seguro que si tienes hijos has sentido alguna vez la mirada inquisidora de algún adulto. Ese adulto que habla a gritos, el mismo que no se lava las manos después de hacer pis y opina de cualquier cosa sin saber de nada, parece implosionar cerebralmente cuando un niño llora, grita o simplemente se resiste a sentarse erguido en un restaurante. En los últimos tiempos, incluso los debates televisivos han abordado este polémico tema. Esos mismos shows que igual te hablan de la independencia de Catalunya, de la enésima separación de Belén Esteban o te llevan a un facha de tomo y lomo a defender el Valle de los Caídos ahora también abordan temas tan peligrosos como: ¿hay que llevar a los niños a un restaurante? ¿En serio? En esta época crispada un debate así es más *peligroso* que mil discusiones políticas. Porque los niños, aunque haya gente que no lo entienda, son seres humanos. Ni siquiera son animales de compañía. Cuando leemos estas mierdas siempre deliramos imaginando un mundo distópico, ¿te imaginas? Un restaurante con zona acotada —y, a poder ser, electrificada e insonorizada— para niños, donde se les entregue la comida por una compuerta acorazada. Una vez terminada tu plácida comida o cena en compañía de adultos educadísimos, entregas el ticket y te devuelven a tu bestia. Y lo mismo con el cine, el teatro, las tiendas y demás lugares públicos. Es terrorífico, pero tiempo al tiempo.

Es un hecho, la «niño-fobia» existe y está cada vez más extendida. Mientras en Europa reina la armonía y la oferta familiar es amplia, en países como España las barreras se multiplican. Baños sin cambiadores, camareros que te perdonan la vida, clientes que te miran como si estuvieran oliendo mierda y una sensación general de que los únicos sitios donde uno se siente tranquilo y a salvo, pese al estresante entorno, es en los restaurantes de comida rápida. Paraíso inhóspito donde —en este caso, sí— somos bienvenidos.

7. Terapias de shock para evitar dramas en restaurantes

De todas formas, si osas tratar de llevar una vida «normal» y todavía crees que tus hijos pueden acompañarte en rutinas tan peligrosas como una comida en un restaurante, no desesperes; hay esperanza. No hay nada que saque más de quicio a los padres que un niño fuera de sí. Es habitual perder los papeles tratando de calmar a nuestras bestias, ya sea en casa o fuera de ella. Ante la mirada inquisidora del mundo adulto, esta sensación se agudiza. Cuando uno de tus hijos se revela en público, una especie de desquicie indescriptible se adueña de ti y muchas veces te entran ganas de...

- ✓ ... que inventen un botón de *mute* para la voz humana
- ✓ ... retorcerle alguna extremidad y que pare de molestar de una vez, aunque lo que hace siempre es llorar más
- ✓ ... insultarlo a regañadientes

Nada de esto sirve, así que sigue leyendo.

8. Técnicas para tener comidas plácidas

Aquí tienes una serie de técnicas «prietofloriles» que nos han funcionado la mar de bien todos estos años:

Amenaza creativamente
Al mínimo atisbo, ese momento en el que intuyes que la comida se puede torcer, te llevas al niño fuera y tratas de dialogar con él. Lo calmas, pero sobre todo te calmas tú. Nuestra recomendación que nunca falla es amenazar con regalar sus pertenencias más preciadas a su enemigo en la guardería, decirle que Papá Noel y/o los Reyes Magos le están observando aunque estemos en marzo y uti-

lizar las artimañas más rastreras posibles con tal de que sus revoluciones bajen.

Abraza el entretenimiento

Siempre deberás proveerte de un arsenal de ocio en forma de libros para colorear, ceras, lápices, rotuladores, revistas temáticas o una bolsa con piezas inconexas de Lego para que expriman su imaginación. Si consigues que entren en comunión con las artes plásticas, habrás dado un paso importante en tu vida. A nosotros es lo que más nos funciona.

El as en la manga del chupete electrónico

Lo admitimos, una buena tablet en determinados momentos es un regalo de Dios. Hay situaciones desesperadas en las que enchufar a tu hijo a un capítulo de Peppa Pig o a uno de esos vídeos donde se abren huevos Kinder compulsivamente es una liberación sin parangón. A veces, es la única solución. El efecto es inmediato, una buena tablet en un momento de estrés es tan efectiva como un chute de heroína para un yonqui en pleno mono. Nosotros utilizamos estos aparatos del demonio en situaciones desesperadas, casi agónicas, pero no debes dejar que tu hijo se enganche; es peor el remedio que la enfermedad. Créetelo, hemos visto cosas muy *creepies*. Más adelante podrás leer sobre ello.

No negocies, planifica

Los padres perdemos los papeles habitualmente y los niños no suelen tener criterio, son de ideas fijas según les dé el aire. Por eso, tratar de negociar en una situación de tensión no es productivo, es una pérdida de tiempo. Empiezas diciéndole que si come y no monta un follón luego iréis al parque y en el minuto dos de la negociación estás amenazándolo con dejar de ir al cine de por vida y tirar la tablet por la ventana. Los niños son de todo menos idiotas, por eso no es mala idea explicarles dónde vais a ir, poner ciertas normas y hacerles entender que una comida en paz equivale a una tarde llena de planes. Suerte con ello.

Si no puedes más y la situación se torna insostenible, amenaza cordialmente pero nunca des espacio a la negociación, sobre todo en público. Ver negociar a padres con sus hijos con los ojos fuera de las órbitas es patético; los demás padres nos reconocemos a nosotros mismos y nos da bajón. ¿En serio he llegado a ser igual de patético y a estar tan alterado como ese pobre hombre que trata de negociar con un niño de dos años ante la atenta mirada de medio restaurante? Sí, buff, qué bajón.

Teletransportación

Otra solución que todavía no se ha inventado es teletransportaros y llevarlo a comer a otro país donde los niños no molesten tanto. Sí, aunque no lo creas, hay países donde a los que tienen hijos se les dan facilidades y el Estado y la empresa privada hacen esfuerzos por que la existencia de sus ciudadanos concilie mejor.

No, no y no

Aunque las fuerzas te flaqueen, siempre puedes decir que NO. Cuando éramos pequeños nos ponían límites a todo, y ahora si dices NO parece que eres una mala persona. Pues NO, tus hijos no deberían derrumbarse ante un NO y tú no deberías sucumbir a todas sus demandas. No pueden conseguirlo todo a la primera. Frustrar sus deseos no es malo, al contrario; lo que es perjudicial es no afrontar la frustración. Aunque estés en un restaurante rodeado de gente y temas un escarnio público, siempre puedes decir: «No, no puedes comer helado de primer plato»; «No puedes estar de pie en la silla gritando»; «No, no puedes jugar con cuchillos mientras esperas que llegue la comida». Si el no va acompañado de una explicación, mucho mejor. Los niños no son tontos, entienden tus palabras y saben cómo comportarse según el contexto.

Otros consejos básicos

A nivel práctico, procura ir a restaurantes desde que los niños son bien pequeños, no vayas a horas punta y tampoco a un restaurante de postín. Y olvídate de la sobremesa, los niños en los restaurantes tienen una pila que se gasta justo cuando terminan el postre. Pide la cuenta antes de que esto pase y sal pitando. Cuando los niños son pequeños, la sobremesa en lugares públicos no existe, directamente.

9. Por cierto, también existen los padres maleducados

A ver, cuando uno no tiene hijos, es normal que no comprenda nuestra sacrificada existencia. Es normal que proliferen los hoteles o restaurantes a los que no se puede ir con niños. La realidad es que a veces te cruzas con auténticos gremlins en restaurantes, pero normalmente no es culpa suya, casi siempre es culpa de los padres. Gente dominada por sus hijos tiranos, o padres y madres confundidos que no saben diferenciar la dimensión privada de la pública y que arrasan allá por donde van. Gente que, sin pestañear, deja que sus churumbeles corran salvajemente por el restaurante de turno después del postre, o que ni se inmuta cuando sus bestias berrean. Nosotros hemos visto cosas loquísimas, actos impuros que dan la razón a esos adultos inquisidores y a todas esas personas que piensan en prohibir a los niños en los restaurantes. Hemos visto a gente que cambia el pañal al niño en la mesa o que le enchufa el móvil con un volumen atronador. No hay niños bolcheviques, pero sí padres impresentables. Controla y educa a tu hijo que luego nos salpica a todos.

10. Ser padres en otros países

A continuación figuran algunos ejemplos que hemos visto y experimentado y que podrían explicar por qué en España la media de edad a la hora de tener hijos es tan baja, o el porqué de la pereza, el miedo y la congoja para traer seres humanos a este mundo (y, en concreto, a este país).

Hacerse el sueco

Sin ánimo de parecer exagerados ni de menospreciar al país donde mejor se vive de la galaxia —España—, nada más aterrizar en la capital sueca uno se siente como Paco Martínez Soria. Para el que no conozca a este singular personaje, Paco era un señor que salía en películas españolas de los años sesenta. Venía del pueblo y, como a buen cateto, cualquier adelanto tecnológico y atisbo de avance humano le parecía un sueño, el no va más. Los Prieto Flores nos sentimos igual que Paquito al observar tanto avance en el ecosistema paternal en tierras suecas. Te ofrecemos algunos ejemplos que nos dejaron boquiabiertos y con unas tremendas ganas de exiliarnos:

⇨ El transporte público es gratis hasta los once años si vas acompañado de un adulto.

⇨ En el transporte público hay rampas para poder subir y bajar una cosa que se llama carrito, que básicamente sirve para llevar a un niño de un lado a otro.

⇨ En la totalidad de las estaciones de metro de Estocolmo hay ascensores o escaleras mecánicas para que, si vas con carrito, no tengas que jugarte un ataque de lumbalgia y la vida de tu hijo subiendo y bajando escalones.

⇨ Las mujeres pueden disfrutar de dos años de baja maternal con derecho a sueldo; los hombres también pueden pedirse la baja paternal, que dura más que en España.

⇨ En todos los lugares que visitamos había cambiadores para niños y no solo en los baños de mujeres, también en el de hombres, porque los hombres también podemos y sabemos limpiar culos y esquivar cacas. De hecho, en la mayor parte de las señales que indican la localización de estos cambiadores, los protagonistas eran hombres.

⇨ Por supuesto, en aeropuertos, supermercados y demás lugares públicos, el ir acompañado de niños te evitaba hacer cualquier tipo de cola.

El pueblo alemán

⇨ Es rarísimo encontrar restaurantes sin cambiadores o tronas para niño.

⇨ En los centros públicos existen salas de juegos y cuidado en los que dejar a los niños para que, cuando tengas que hacer papeleo, lo puedas hacer en paz y no te entre un ataque de ansiedad.

⇨ El Estado da a las familias 186 € por hijo hasta que terminan los estudios (máximo veinticinco años) y, si se te va la olla y acabas teniendo cuatro hijos como nosotros, 196 € por el cuarto. Por ejemplo, una familia numerosa como la nuestra cobraría exactamente 754 € al mes solo por respirar, suficiente para unas bolsas de pañales y un par de juegos para la Play.

⇨ Baja maternal de catorce meses, pagándote un 69 por ciento de tu neto anual.

⇨ Cuando tu hijo se pone enfermo, el seguro por enfermedad te paga doce días, para que puedas quedarte con él en casa.

⇨ Casi todos los gimnasios tienen una zona para el cuidado de los niños.

Las ventajas argentinas

⇨ Tampoco haces cola en los aeropuertos.

⇨ Cuando un niño o niña se pierde en un lugar público, la gente lo rodea y comienza a aplaudir al unísono para que los padres lo puedan localizar rápidamente y no mueran de un ataque de nervios.

⇨ Algunos restaurantes en Argentina tienen zonas acotadas y reservadas para niños con juegos, cuidadores y todo tipo de entretenimientos para que puedan desfogarse, y que los padres puedan charlar y comer plácidamente sin estresarse y sin soportar miradas inquisidoras de otros comensales. Existen muchas variables, desde salas pequeñas con jueguecitos, disfraces y cientos de pinturas para ponerse perdido hasta auténticos Disneyworlds provistos de adelantos informáticos, pantallas táctiles y atracciones propias de un parque de atracciones yanqui.

Pues eso, que todavía quedan cosas por hacer por estos lares.

Parte 3

Los peligros del chupete electrónico

Cuando te das cuenta de que tienes un problema: que tu hijo es un adicto. La sobreexposición a la tecnología. Situaciones que debemos evitar cuando tu hijo es un yonqui de manual. Excusas para quitarle la droga. La espantosa angustia juvenil. Cosas que enganchan: desde vídeos donde se abren compulsivamente huevos Kinder hasta familias de dedos. La importancia de que nuestros hijos se aburran.

11. La escandalosa adicción a las tablets y el *rehab* infantil

Una obviedad: para un niño es mucho más estimulante una breve conversación, un poco de lectura o un paseo con sus padres que un rato de tablet. Para el cerebro humano no hay un estímulo más completo que el de otro ser humano. La tecnología tiende a distorsionar nuestra capacidad de atención y, obviamente, también la de los niños. ¿Alguna vez has llamado a tus hijos mientras jugaban con una tablet y no te han hecho ni puñetero caso? ¿Como si no existieras? ¿A que sí? Pues pasa todo el rato y probablemente te haya pasado también a ti con tu pareja o con tus propios hijos. La sobreexposición a la tecnología nos abstrae. Cuando le enchufas una tablet a un niño en una comida o en un coche para que se calle, le estás enseñando a no aburrirse; sin esforzarse puede estar entretenido. A veces por pereza o vagancia, aunque no sea nuestra intención les estamos borrando de un plumazo la cultura del esfuerzo y la frustración, tan habituales en la vida adulta. En un mundo ideal, deberíamos tratar de apaciguar la tolerancia a la frustración. Los niños deberían entender que no todo en la vida es inmediato ni se consigue sin esfuerzo. En fin, que, como toda adicción, el yonquismo por la electrónica también es durísimo.

12. Situaciones que hay que evitar cuando tu hijo es un perfecto yonqui

El modo piloto

Dícese de cuando el móvil y la tablet se convierten en una extensión de nuestros hijos, una especie de protuberancia digital que sale de sus manitas. Suelen ser críos que reciben el móvil siempre que quieren y, cuando no lo tienen, montan el numerito y enseguida se lo dan. Una vez estuvimos en un *resort* de esos de pulserita, un increíble invento donde las familias pasan días asilvestradas en hoteles resultones, comiendo y bebiendo como si se acabara el mundo. En este centro de ocio observamos atónitos el nivel de sofisticación que ha alcanzado el enganche a estos dispositivos. Imagina la estampa: una familia guiri quemada por el sol desayuna plácidamente medio kilo de tortitas sumergidas en un océano de chocolate y mermelada. Engullen sin parar. A su lado, ajenos a esta escena bulímica, dos niños pálidos observan sin pestañear unas tablets incrustadas en una increíble y espacial estructura de goma que las mantiene erguidas, como un perfecto televisor. Ambos tienen cascos del tamaño de sus cabezas. Parecen dos escenas superpuestas de dos familias distintas, pero son la misma. Ni siquiera al terminar la bacanal se rompe esta extraña estampa; los niños marchan del desayuno agarrados a la estructura y conectados a *Fortnite* o quizás a *Peppa Pig*... el enganche no tiene edad.

El chupete droga

No hay que confundir el remedio con la enfermedad. No es lo mismo utilizar el recurso del iPad de vez en cuando que enchufarlo a la primera de turno. Cuando empiezas a utilizar estos minitelevisores a la carta a modo de chupete electrónico, es el momento de alarmarse. Cuando tu hijo vaya en su carrito enganchado a su tablet, coma en un restaurante sin separar la vista de la pantalla o en el parque le ponga los cuernos al columpio con el último episodio de *Pocoyó*, es el momento de tomar medidas.

13. Excusas que funcionan la mar de bien para evitar el chupete digital

Se han acabado las pilas
Es obvio, una pila de toda la vida no cabe en un iPad, pero la imaginación de los niños es infinita y esta incongruencia cuela siempre.

La batería se ha acabado hasta mañana
Es importantísimo hacer pensar que estos aparatos tienen vida cíclica y que no se cargan cuando a uno le da la gana. Los niños bajo ningún concepto pueden entender la relación entre el aparato y el cargador.

Se ha roto
Durante un año hicimos creer a uno de los nuestros que el código de seguridad de la tablet era en realidad un complicadísimo código para *hackear* el aparato y que en realidad los dos intentos fallidos de acceso eran señal inequívoca de que debía pasar por el taller urgentemente. Increíblemente se olvidó de ella; pasó un año. No la echó de menos.

El temporizador
Hace un tiempo apareció en nuestras vidas YouTube Kids, un coto cerrado de contenido con el que, aunque te despistes, no te encontrarás a tu hijo o hija viendo un doblaje subido de tono de *Peppa Pig*, o la versión porno de *Dora la exploradora*. Más allá de este limitador de contenido, la aplicación tiene una funcionalidad con la que puedes programar el tiempo que quieres que tu churumbel esté expuesto. Es una delicia y tardan un mínimo de seis meses en *hackearlo* y averiguar cómo se desactiva.

Decirle la verdad

Esto es lo más osado y lo que te va a llevar más esfuerzo, pero lo que te va a dar más gratificaciones a lo largo del tiempo. Tu hijo no es idiota y puedes hablarle y decirle la verdad. Debes tener paciencia (ah, la eterna paciencia). Tienes que aguantar el tipo y, aunque llore y patalee, decirle: no me importa que te aburras; es más, creo que es maravilloso que te aburras. Si te aburres, puedes (o podemos) hacer un montón de cosas (aquí le despliegas tu oferta) y si no te gusta puedes seguir protestando, que no me voy a inmutar. Atención: los niños suelen enfadarse cuando no les das el móvil. No aflojes antes que tu pequeño tirano. Tu rol de padre o madre no es satisfacer todos sus deseos. Tienen que asumir sus limitaciones a la hora de utilizar los aparatos electrónicos, aunque eso implique una pequeña frustración en su vida.

14. Dramas *techies*

Tenemos una teoría: los niños son cada vez más inteligentes y su relación con la tecnología y los jueguecitos desde la más tierna infancia provocará en el futuro un aluvión de programadores que controlarán el mundo. Toda esa idea idílica que teníamos en los ochenta de un futuro lleno de naves espaciales y teletransportación la conseguirán los niños y niñas de la Generación pre-Z. A lo que íbamos, si tu niña de meses intenta agrandar el Bob Esponja que sale en la caja de cereales como si esta se tratara de una pantalla táctil, o pretende saltarse los anuncios del televisor como si fuera el botón de YouTube, no te alarmes ni te emociones: ni tu hija está enganchada ni es la próxima Bill Gates. Tu hija es una niña normal de los tiempos que corren y por ahora no debes alarmarte; solo vigílala en el futuro. Estos pequeños *hackers* son más avispados de lo que tú te crees y pueden provocar auténticas sangrías económicas en tu hogar. Ejemplos reales de nuestro seno familiar:

Angry Birds Space

Este invento sueco del demonio causó estragos hace unos años entre seres humanos de todas las edades. En casa nos enganchamos todos. Hasta aquí, todo bien. El drama llegó cuando salió la versión *Angry Birds Space*, una jodienda donde tenías que cepillarte a cerditos en un planeta sin gravedad, lo que hacía mucho más difícil su masacre. Un buen día, mientras nos hallábamos repasando las cuentas del banco, entramos en shock; teníamos dos pantallas enteras con minicargos de iTunes. Nos entró taquicardia, pensamos que habíamos sido *hackeados*, timados, imaginamos nuestros ahorros en manos de una mafia organizada de la Deep Web, pero no. Alguien había sableado 186 € de nuestra cuenta corriente con créditos de *Angry Birds Space*. Uno de los niños, consciente o inconscientemente, se había aprendido el patrón alfanumérico de la contraseña y se había pegado un homenaje durante días, pasando pantallas como si fuera un testeador de juegos de primer nivel. Este acto vandálico nos provocó un enorme cabreo, pero, al mismo tiempo —debemos reconocerlo—, un enorme orgullo. Había conseguido algo que algunos adultos ni tomando notas hubieran logrado. Por cierto, se quedó un mes sin tablet.

Las malditas suscripciones

Otro de los peligros que tiene ver vídeos en el móvil sin parar son los dichosos anuncios en forma de *banners* que aparecen en ellos. A los niños les estorban y a menudo pinchan inocentemente para quitarlos. Muchas de estas empresas saben que los niños pinchan en ellos, y pasa lo que pasa. Hace unos meses, fijándonos en el extracto de nuestra compañía telefónica, vimos una suscripción a un servicio de juegos *online*. Llamamos ofendidísimos a la compañía y un chico muy amable nos canceló el servicio y nos advirtió que llevábamos dos años suscritos a un servicio similar. «¿Desea usted que le cancele este servicio también?» En fin. Ten mucho cuidado y fíjate bien en el próximo extracto de tu querida compañía telefónica, quizás estés haciendo el capullo como lo hicimos nosotros durante dos años.

15. Angustia juvenil

Es deprimente pero es así, la adicción a estos cacharros y el miedo a no tenerlos cerca ya están tipificados como una enfermedad, se llama *nomofobia*. Una vez vimos al psicólogo Marc Masip en el programa *Salvados* y dijo algo que nos voló la cabeza: «Alguien está enganchado cuando afecta a su vida cotidiana. Si sientes nerviosismo por estar sin móvil, tienes un problema». Es muy importante localizar el preciso momento en el que nuestros vástagos pasan a estar enganchados. Repasemos pues las situaciones exactas y los momentos en los que ya sí que debes preocuparte y procurar que tu hijo se conecte a la vida «real»:

- ✔ Cuando tus hijos te mientan y escondan las tablets para volver a pillarlas al mínimo despiste.
- ✔ Cuando le arrebates la tablet y su reacción sea un alarido, haya resistencia física y acabe en llanto, o cualquiera de estas tres reacciones.
- ✔ Cuando en su tiempo de ocio solo quiera utilizar el aparato y notes ciertos síntomas de síndrome de abstinencia. Si no sabes lo que es el síndrome de abstinencia, te ves cualquier película de Eloy de la Iglesia y te fijas en cualquier personaje que encarne José Luis Manzano. Si eres fumador y alguna vez lo has dejado, tendrás una idea más clara. ¿Te suena esa sensación física de dependencia? ¿Esas ganas inhumanas de encenderte un cigarro? ¿Ese momento en el que notas la nicotina recorriendo tus arterias y pidiendo con violentos calambres otro cigarro? Eso mismo sienten los niños cuando han sido sobreexpuestos a una tablet y luego se la quitas. Nada agradable, ¿verdad?

16. Soluciones prácticas basadas en la experiencia y en nada más

Horarios caseros

Coger una cartulina y delinear un horario familiar con lo que se hace desde que los niños llegan a casa del colegio y/o la guardería. En él, aparte de labores básicas de higiene y horarios de merienda y cena, se acota y delimita su dosis de exposición electrónica. No es tan difícil, piensa en que ya no tienes que lidiar con la tele. Tu enemigo es la tablet y no es invencible.

No la uses tú

Es habitual quejarte y pegarle cuatro alaridos a tu hijo para que deje la tablet mientras tú le estás dando *likes* a Instagram. El comportamiento de los hijos es muchas veces un comportamiento espejo, y por ello es importante que prediquemos con el ejemplo. Nuestros hijos nos imitan para gustarnos e integrarse mejor. Aprenden viendo cómo se hacen las cosas y relacionándose con los demás, tomando nota de nuestro comportamiento. Si tu hijo ve que estás todo el día enganchado mirando pelotudeces, y si cuando te habla no le contestas porque estás ensimismado viendo en Twitter algún *beef* que no te interesa, es muy difícil que piense que estar sobreexpuesto es malo. A nosotros nos ha pasado y tenemos una solución tan simple que funciona. Prohibidos los móviles para adultos desde que llegamos a casa hasta que acostamos a las fieras. Pruébalo y verás el éxtasis que provoca el momento de desplomarte en el sofá y quedarte a solas con tu móvil; es lo más parecido a un orgasmo que conocemos.

Instaura premios

La tablet no es un derecho, es un premio. Tampoco hay que ser un neura con esto de las tablets. No pasa nada por que vean dibujos animados y vídeos absurdos de YouTube donde un adulto juega con muñecas poniendo voz de niño. Los dibujos animados de ahora son lo más. Nosotros veíamos *Heidi*, *Marco*, *Willy Fog* o a Leticia

Sabater, pero ahora nuestros hijos ven auténticas obras maestras de la producción animada. Desde el prisma de un adulto que creció con dos míseros canales de televisión, toda época pasada nos parece un horror, en el fondo nuestros hijos nos dan envidia. Prueba a hacer sesiones en tu televisor de *Bob Esponja*, *Hora de Aventuras*, *Historias Corrientes* y demás locuras. Nosotros tenemos esta ceremonia instaurada y muchas veces disfrutamos más que nuestros propios hijos.

Precisamente por esta increíble suerte que tienen nuestros churumbeles y todo este derroche de cultura a un solo clic, nuestros hijos deben currárselo si quieren acceder a él. Insísteles en que esa maravillosa ventana a un mundo de fantasía solo se consigue con esfuerzo, empeño y, sobre todo, obedeciendo a sus queridos padres. Es un premio y no un derecho. Cuando estos dos conceptos se mezclan, estás perdido; la has cagado.

17. Enganches épicos

El contenido que tienen nuestros hijos a su disposición a golpe de clic es inabarcable. Como padres, y después de años y años expuestos a esta orgía de contenido infantil, nos gustaría compartir contigo los vídeos que más adicción provocan. Como toda adicción, la sobreexposición a estos montajes puede resultar peligrosa. Pasen y lean:

Gente que abre huevos de Pascua
Nivel de peligro: 8. Efectos hipnóticos y difícil rehabilitación
No es broma, hay gente que se gana la vida la mar de bien abriendo huevos de Pascua en YouTube. Sí, es cierto. Cuando le explicas a la gente que existe una profesión que consiste en abrir huevos delante de una cámara, se echan las manos a la cabeza. No lo entienden. No te creen. Es normal, todavía no han visto a sus hijos embobados, enganchados como yonquis delante de la tablet y asistiendo a una ceremonia de diez minutos en la que, lentamente —una lentitud

insoportable y angustiosa—, se abren huevos de distintos colores cubiertos por distintas sustancias y que esconden en su interior distintos juguetes. Este espectáculo es un *hit* incontestable en el perverso mundo de los vídeos infantiles hechos e ideados por adultos. Un negocio millonario que hace que estos vídeos se multipliquen a la velocidad del rayo. El usuario infantil aprende enseguida dos cosas: la primera, a esquivar la publicidad; y la segunda, a encontrar vídeos relacionados y pasar de uno a otro sin límites. Haz la prueba, teclea «huevos sorpresa», deja a tu churumbel y vuelve en una hora. Tu hijo o hija habrá visto sin pestañear de diez a treinta vídeos de esta extraña categoría.

Unboxing de juguetes
Nivel de peligro: 7. Efecto psicotrópico

Antes de tratar de entender este fenómeno youtubesco, trata de retroceder a tu más tierna juventud. Imagínate que a golpe de clic tienes miles, millones de vídeos donde otros niños abren y juegan con los juguetes que te quieres pedir por Navidad, con juguetes que jamás has visto ni verás y que lo hacen todas las semanas; algunos de ellos abren juguetes todos los días. Tú igual no, pero nosotros nos habríamos enganchado seriamente. Todavía recordamos la fantástica sensación que era agarrar el catálogo de juguetes de El Corte Inglés y tirarse horas pasando páginas lentamente, fantaseando con los juguetes que igual te traían y marcando con bolígrafo tus preferidos. Pues bien, los niños de ahora, nuestros hijos, son unos suertudos. Ese mismo catálogo lo tienen en YouTube en otra dimensión; el mismo juguete aparece diseccionado hasta la médula por distintos usuarios de distintos países. Pueden verlo desde todos sus ángulos, conocer sus distintas versiones, prácticamente olerlo.

En 2018, la revista *Forbes*[2] publicó la lista de los *youtubers* que más habían ingresado en el año y a la cabeza estaba un tal Ryan Toys

2. <https://www.forbes.com/sites/natalierobehmed/2018/12/03/highest-paid-youtube-stars-2018-markiplier-jake-paul-pewdiepie-and-more/#e d886b7909ac>.

Review, un niño de seis años. Ryan es monísimo y ese año facturó 22 millones de dólares abriendo juguetes desde su casa. Independientemente del talento y carisma del niño, que obviamente es monísimo y muy achuchable, detrás del fenómeno existen unos esforzados padres que reciben cajas de juguetes, guionizan, graban, editan y promocionan el «trabajo» de su hijo para, compulsivamente, subir más y más vídeos. Un negocio millonario y una práctica que está a la orden del día. Apostamos que pronto habrá padres que sueñen con tener hijos «abridores» de juguetes en vez de futbolistas, DJ y demás profesiones exóticas. En esta categoría hay vídeos divertidísimos, muy bien elaborados, y luego miles de vídeos que dan mucho yuyu. A nosotros nos dan un miedo particular los que llamamos «vídeos ventrílocuo-cutados» —es un término que nos hemos inventado—; son esos vídeos en los que un adulto pone voz de niño mientras juega con juguetes y solo se le ven las manos. Hay cientos. Haz el experimento de dejar solo el audio y su locución te dará más miedo que *El muñeco diabólico* y todas sus secuelas juntas.

Los Finger Family
Nivel de peligro: 9. Efectos epilépticos

La familia más famosa de internet no es ni la de las Kardashian ni la de Verdeliss; es una familia de dedos. En los últimos años en internet se ha creado un ecosistema gigantesco de vídeos de palmas de la mano donde cada uno de los dedos es un personaje.

Los dedos se presentan con una canción enfermizamente pegadiza que reza así: «Hello finger, hello finger, where are you?...». Al igual que los de los huevos de Pascua, estos vídeos provocan un enganche inenarrable. Esta diabólica melodía se adhiere al cerebro de los niños y también al nuestro; el joven usuario entra en un interminable *loop* de vídeos en el que los protagonistas van mutando: son desde ovejitas a cerditos, pasando por personajes reconocidos del *entertainment* infantil —léase Peppa, Bob o la Patrulla Canina—, hasta cosas más chungas. Y es en esta chunguez donde está el peligro.

La realidad es que todos estos vídeos se ven mucho y, así como muchos creadores repiten patrones de contenido para conseguir *plays* y por ende ingresos publicitarios, muchas empresas y usuarios se han dado cuenta de que el patrón infantil en internet puede ser una mina de oro. Por ejemplo, muchos vídeos inocentes de Finger Family han mutado de un inocente homenaje a una canción de dominio público a un negocio millonario en el que cientos de sospechosas empresas crean vídeos sin parar para colarse en el algoritmo infantil y robar millones de *plays* a las rutinas de nuestros hijos. Hasta aquí todo bien, si no fuera porque estos vídeos están protagonizados por una orgía de personajes chunguísimos y feos que se cuelan en las pantallas de niños inocentes. No es raro ver Finger Families protagonizados por Donald Trump u otros personajes de terror. Esta especie de *fake news* infantil está provocando que el algoritmo infantil en internet dé lugar a un peligroso escenario. Para combatir esta plaga y evitar que tu hija empiece viendo un inocente vídeo de *Peppa Pig* y acabe viendo un vídeo de *Peppa Pig* convertida en camello, nosotros recomendamos, como ya hemos señalado, YouTube Kids, donde se custodia el contenido y puedes ponerle un temporizador a tu hijo para medir las horas de enganche o toda esa programación infantil tan excelsa, disponible en decenas de plataformas digitales de contenido. Ojo, la parte buena de estos vídeos es que tus hijos aprenden inglés antes de entrar en el colegio, y eso es impagable.

Bakalao Kids es tecno inteligente
Nivel de peligro: 5. Efectos irreversibles para los adultos

Mucho se ha escrito sobre la música bakalao; manuales sobre sus efectos y libros sobre su cultura. La música bakalao, la que se ponía en el apogeo de la ruta del bakalao, aquella de ondas repetitivas y machaconas, ha tenido un revival ejemplar en formato infantil. Aquellos ritmos que provocaban espasmos y bailes interminables han influido en un género infantil que repite sus patrones musicales y provoca sus mismos efectos. Internet se ha convertido en una discoteca y paraíso de *hits* como el «Pollito Pío», «Baby Shark» o el «Osito Gominola», éxitos incontestables que bajo el patrón de la repetición del demonio se adhieren a los minicerebros en formación de nuestros hijos y se convierten en himnos adictivos. Si alguna vez has tenido la mala suerte de escuchar alguna de estas canciones de laboratorio, ahora mismo seguramente estés tarareando sus machacones y efectivos estribillos. Megaéxitos diseñados para el consumo masivo vía internet. Una forma de creación y negocio no muy alejada de las factorías de éxitos de la música chicle o Motown de los años sesenta, donde cientos de productores creaban *hits* como churros para que los cantaran otros y sonaran en la radio. Como dirían Depeche Mode: *Music for the Masses*.

Si hacemos un ejercicio de memoria histórica, veremos que nosotros mismos, los nacidos en los setenta y los ochenta sufrimos la música infantil mucho más intensamente. Un simple paseo por los éxitos de aquella época basta para certificar que hoy día todo es mejor: *Los Payasos de la Tele*, el «Cocoguagua» de Enrique y Ana, Parchís, Botones, Torrebruno o Tito y Tita cantando aquello de «Primer amor» con diez años. Un infierno. ¡Arriba el bakalao!

18. Por qué es tan importante que tus hijos se aburran

La próxima vez que tu hijo o hija se te acerque y te diga «Papá/mamá, me aburro. ¿Qué hago?», contéstale «Muy bien, cómprate un burro». Puedes ser más imaginativo y utilizar cualquier otro pareado. También dile que aburrirse es muy divertido. Los niños deben aprender a aburrirse, por tu bien y por el suyo. Piensa en el trajín al que les sometemos: natación, fútbol, baile, música, guitarra, inglés, chino o cualquier otro idioma exótico y además horas y horas de dibujos animados y tablets. Todo esto provoca que tus hijos se angustien si baja su nivel de hiperactividad. En el fondo es normal que los niños se aburran cuando no tienen ninguna extraescolar ni tarea con la que entretenerse. Es muy jodido de admitir, pero cuando los niños tienen tiempo libre normalmente no saben qué hacer con él. Los niños deben aprender a aburrirse para conectar consigo mismos, conocerse y dejar que su creatividad aflore en formatos y formas que no consistan en clases dirigidas ni en estar delante de una pantalla de forma pasiva. Por ejemplo, la imaginación puede ayudarles a enfrentarse a y resolver problemas, y a convertirlos así en personas más resolutivas.

Habrás observado que en las vacaciones, cuando el cerebro descansa de tanta hiperactividad, encontramos soluciones a miniconflictos o situaciones cuando ni siquiera las buscamos. Encontrar sin buscar es uno de los principales beneficios del aburrimiento. Según muchos psicólogos, el aburrimiento es la antesala a la creatividad y a los juegos más extraordinarios que jamás hayas conocido. Se supone que conectar consigo mismos hace que nuestros hijos sean más flexibles cognitivamente y también más tolerantes y creativos. Y, por tanto, más resolutivos. Si un niño se aburre y no le decimos lo que debe hacer, probablemente acabe entreteniéndose él solo. Pruébalo. Muchas veces, en el mundo adulto, las mejores ideas salen cuando tenemos tiempo para pensar y no estamos agobiados ni presionados por el día a día. Con los niños pasa lo mismo. Reconozcámoslo, el no hacer nada está muy mal visto socialmente. A lo largo del año, los niños no paran quietos durante el curso; su actividad generalmente es frenética. Por ejemplo, los nuestros van al colegio, hacen deberes, luego alguna extraescolar y cuando llegan a casa prácticamente no tienen tiempo ni para jugar, y menos para aburrirse.

Dicho todo esto, nos planteamos una pregunta rarísima: ¿cómo podemos ayudar a que nuestros hijos se aburran? Os listamos algunos métodos que hemos utilizado y que han funcionado durante un tiempo:

Materiales a cascoporro: es importantísimo que tengáis en casa todo tipo de lápices, colores, ceras y cualquier material con el que se puedan dibujar cosas en un papel. Los folios A4 hay que tenerlos siempre a mano.

Hazte con juegos de construcción: trenecitos, legos, piezas, puzles...

Aprender a conectar: es fundamental pasar tiempo con los niños, a diario si es posible. Si cuando los niños se aburren les damos el móvil, estamos capando su creatividad y dándoles una solución rápida. Es fundamental generar espacios estimulantes de juego e interacción. Insistimos, si mientras juegas estás mirando quién ha dado *like* a tu última foto de Instagram, es probable que tu hijo copie a su manera este comportamiento; es el comportamiento espejo que les fascina.

Recuerda siempre que el juego imaginativo y no estructurado es esencial para el desarrollo infantil. Y, por último, según la Convención sobre los Derechos del Niño de Unicef, el niño tiene derecho al «descanso y el esparcimiento, al juego y a las actividades recreativas propias de su edad y a participar libremente en la vida cultural y en las artes».[3]

3. <https://www.unicef.es/publicacion/convencion-sobre-los-derechos-del-nino>.

Parte 4

Fines de semana y vacaciones

Dormir los fines de semana alarga tu vida,
trucos para que esto pase. Algunas ventajas de
no dormir en general y, en especial, durante los fines
de semana. Entrenar a tus hijos para que te dejen
dormir. Cómo prepararse para viajar en avión o en
tren con tus hijos sin que te odie todo el mundo.

19. Dormir los fines de semana

Según el investigador sueco Torbjörn Åkerstedt,[4] profesor y director del Instituto para la Investigación del Estrés en la Universidad de Estocolmo, la gente que duerme los fines de semana vive más. Malas noticias para los padres y madres. Una de las jodiendas más duras de la paternidad es darte cuenta de que, hagas lo que hagas, durante diez años vas a tener un reloj humano al que se la suda que el día anterior hayas salido de marcha o te hayas quedado en el sofá tragándote un maratón de tu serie favorita. Este nuevo reloj es tajante y no sabe de conciliación. No hay una regla escrita, pero la norma dice que te costará dios y ayuda despertar a tus hijos entre semana para llevarlos al colegio o guardería, mientras que los fines de semana serán ellos los que se despierten alegremente y exijan desayunos, pelis, jugar, el peluche ese que ya no te acuerdas que existe o cualquier otra exótica ocurrencia.

---

4. <https://cnnespanol.cnn.com/2018/05/26/dormir-mas-los-fines-de-semana-podria-alargar-tu-vida/>.

20. Cosas buenas de no dormir

Dicho esto, veamos las ventajas de dormir poco.

Te portas bien en tus esporádicas salidas de fiesta

Cuando llega ese momento en el que la noche está por torcerse, tu instinto de padre o madre te llama al orden. Definitivamente, no compensa. De repente te imaginas a ti mismo a la mañana siguiente con una durísima resaca. Una de esas en las que sientes que un taladro perfora todos los rincones de tu pesada cabeza; una de esas en las que por la mañana te levantas hinchado como un palomo; una de esas en las que te miras al espejo y no te reconoces; una de esas en las que después de dormir diez horas te encuentras cansado como si hubieras corrido un maratón descalzo. Sabes a ciencia cierta que, aunque estés en ese estado demencial, tu hijo no sentirá ninguna compasión y te despertará. Además, no vale decirle que se haga el desayuno, porque no sabe. Por narices te tienes que levantar, lavarte los dientes y hacer como si no pasara nada. De repente te das cuenta de que no compensa una copa más y esa noche decides no hacer el cabra. Los niños son incompatibles con las resacas y llaman al orden. Una consecuencia positiva de tener niños.

A quien madruga, Dios le ayuda

Esto es verdad. Que a las diez de la mañana tengas ganas de saltar por el balcón para sacar a tus bestias a la calle tiene una parte positiva: exprimes el tiempo y todos los fines de semana te parecen un puente. Salir a horas intempestivas en familia es divertido, te obliga a hacer planes, ves por la calle a gente de empalmada que parecen zombis, te congratulas por no llevar esa vida y aprendes a valorar actividades que antes te daban una pereza inconmensurable. El truco aquí está en agotar las siete baterías de energía que tienen nuestros hijos. De pronto te verás saliendo a la calle con un montón de cachivaches con ruedas y bolsones llenos de toallitas, pañales, tiritas, potitos... Cuando te encuentres con alguien probablemente piense que estás viviendo en la calle, o que estás haciéndote la mudanza por tu cuenta para ahorrarte unos euros, pero da igual. Tu objetivo no es posar, es agotar a tus hijos. Por la noche, los niños estarán tan baldados que, después de ese baño caliente que les vas a preparar y que les dejará noqueados, se dormirán profundamente. Y entonces, la noche en casa será tuya. Ese momento de paz es indescriptible; los que no tienen hijos han dejado de valorar la paz, con lo importante que es.

Favorecerás hábitos saludables

Mientras tus amigos solteros se están despertando un sábado a las doce de la mañana y buscando desesperadamente un local de comida rápida para paliar su resaca, tú ya te has bebido las sobras del zumo de naranja recién exprimido que le has preparado a tus hijos, has ido a la clase de fútbol andando para aprovechar la caminata y has nutrido tu intelecto con periódicos, el *Marca* y la *Cuore*. Te has autofelicitado por no tener resaca y no tener que tirar tu ropa a la basura por el olor a cigarrillo que desprende. Piénsalo, a la larga son todo ventajas: mejor cutis, más delgado, aspecto más saludable, dientes más blancos y cuerpo más sano.

21. Trucos para recuperar el sueño que te corresponde

A lo largo de los años hemos desarrollado un par de técnicas para tratar de dormir más los puñeteros fines de semana. Ahí van:

Predesayuno

En casa somos fans de las ceremonias. Todo lo que sea preparar algo y anunciar su llegada nos encanta y distrae mucho a los niños. Si se sienten implicados, la armonía fluye. Cuando necesites unas horas más de sueño, un buen truco es dejarles que desayunen solos. Habla con tu hijo y preparad juntos el desayuno del día siguiente. Elige alimentos que no se puedan pudrir de la noche a la mañana: galletas, manzanas o mandarinas enteras, un bote de Nesquick y unas rodajas de pan en una bolsita para que no se seque. Deposítalos en la mesa de la cocina y transmíteles la importancia que tiene hacerse el desayuno y tener autonomía.

Dibujos ilimitados
Junto al desayuno deja el mando del televisor y dales permiso para poner Clan TV o Netflix. Es importante que les transmitas responsabilidad. Dale una importancia exagerada al simple proceso de encender la tele y elegir un canal. Esta rutina te dejará dormir un par de horas más y eso es lo importante. Si no lo ves capaz de encender la tele, déjala encendida toda la noche, el gasto de energía compensa. Hazlo de forma excepcional, el típico día que sales hasta las mil, por ejemplo.

Haz como que duermes
Muy importante. Cuando hayan desayunado y visto su dosis de dibujos vendrán a por ti. Hazte la dormida, cuanto más exagerada y absurda sea tu cara mejor. Te verán rara, incluso les darás miedo, pero después de observarte atentamente se irán.

Si tienes hijos mayores
Si es tu caso, la responsabilidad de poner el desayuno a los hermanos pequeños puede ser compartida. Nosotros hemos sido hermanos mayores y esa responsabilidad que se nos trasladó la cumplimos con orgullo y madurez. Lo mismo pasa con tus hijos. Los nuestros ya van a por el periódico, a comprar alimentos e incluso a hacer recados por el barrio. Asegúrate de hacerles la ola constantemente y de aplaudir estas tareas. Hay que reforzar su autoestima. ;)

22. Viajar con niños

No es paranoia tuya, todos te odian. Viajar en avión o en tren con niños es un desafío y uno de los retos más complicados para los nuevos padres. En un restaurante hay puertas para salir pitando; en un avión o en un tren no. En un restaurante hay recovecos para poder amenazar a tu hijo verbalmente; en un avión estás rodeado. En un restaurante tienes movilidad; en un avión estás atrapado. Por eso la preparación para viajar con niños debe ser extrema.

Cosas que debes hacer y saber cuando te espera un viaje:

- ✓ **Tablet a reventar.** Prepara su serie favorita y todas las demás. Aunque tu hija lleve toda la semana obsesionada con *Peppa Pig*, cuando te sientes en el avión va a querer otra serie así que prepara decenas de opciones. Si tienes Netflix u otra aplicación que te deje descargar, descárgalo todo.
- ✓ **Llorará.** Va a llorar. Prepárate y asúmelo. Los niños nos saben mascar chicle ni sonarse la nariz cuando la presión de cabina apriete, así que llorarán. Ármate de paciencia y recuerda: para estar tú tranquilo, primero debe estarlo él. Mantenlos ocupadísimos o dales biodramina infantil, que sirve para que no se mareen y de paso los deja sedaditos.
- ✓ **Ten paciencia con todos.** No solo con tus hijos, también con los de los demás y con los pasajeros. Es muy frecuente que haya adultos que al mínimo lloro te miren con cara de odio visceral, con uno de esos gestos que te permite oler el odio.
- ✓ **No los cebes.** Se marean, vomitan, tienen que ir al baño varias veces y eso es un engorro. ¿Se han mareado alguna vez tus hijos? Los nuestros sí, y controlar un vómito en movimiento es muy complicado. Según el doctor Karl Neumann, autor de la recomendable web Kids Travel Doc,[5] a 30.000 pies de altura la cantidad de aire en tus intestinos aumenta un 20 por ciento debido a la presión atmosférica, así que cualquier desfase alimenticio tiene más papeletas de producirse que cualquier día normal.

5. <http://kidstraveldoc.com/>.

✓ **Dale el bebé al padre.** Los padres en apuros con hijos despiertan una empatía descomunal. Parecemos indefensos y habitualmente nos ayudan más y nos miran con consideración. La pediatra y periodista Perri Klass, en uno de sus fantásticos artículos para el *New York Times*, citaba a la escritora Judith Martin sobre este tema: «A un padre que viaja con un bebé inconsolable se le considera un viudo dedicado al bienestar de su pobre bebé... A una madre que viaja con un niño que no para de llorar se la considera una persona descuidada cuyo marido la dejó por su falta de disciplina, que resultó en el mal comportamiento de los niños».[6] Tenga o no razón la célebre escritora, es un buen momento para enchufarle el niño al padre.

✓ **Llevar lo básico.** Procurad ir ligeros de equipaje. Un niño ya es suficiente trasto. Antes teníamos el síndrome de *Lost*, viajábamos con todo lo necesario por si el avión se perdía en el espacio-tiempo. Con un niño, tienes que llevar únicamente las cosas básicas, que de por sí ya son muchas, muchísimas. Simplifica el vestuario y el calzado. Mejor ir en zapatillas; lo último que quieres en ese momento es tener que sacarte los zapatos en los controles. Se recomienda el uso del chándal, desde que viajamos con él somos otras personas.

✓ **Reserva cuna.** Reserva cuna, vuelve a reservarla y resérvala una vez más. Poneos pesados y llamad más de una vez para comprobar que te la han asignado. Aun así, tenéis que estar preparados, tal vez tengáis que volar todo el trayecto con vuestro bebé en brazos. Una vez un listillo de la compañía se olvidó de subir las cunas al avión y se dieron cuenta cuando el vuelo ya había despegado. Doce horas con un niño a cuestas es mortal.

6. Judith Martin, *Miss Manners' Guide to Rearing Perfect Children*, Nueva York, Scribner, 1985.

Parte 5

Criticar por criticar

Padres que explotan a sus churumbeles en tu red social favorita. Los escalofriantes datos del *sharenting*, esa manía que tenemos todos de enseñar a nuestros hijos en redes. Niños *influencers* diabólicos. Padres que crean contenido y abusan del *clickbait*. Consejos para que te unas a la guerra de denunciar según qué prácticas en un mundo no hecho para niños. Los niños de los demás siempre serán peores y el fascinante mundo de los TOC de nuestros hijos.

23. Los padres que explotan a sus hijos en Instagram y otras redes

Uno de los placeres más perversos y placenteros de la vida es, como dirían Fangoria, criticar por criticar. Tener hijos te va a llevar irremediablemente a comparar a tus hijos y compararte tú con otros hijos y padres. Es una forma de consolarte y hacerte la idea de que tus hijos tampoco están tan mal y tú, al fin y al cabo, te lo curras. Un niño maligno endemoniado es un puto coñazo, pero para los demás padres resulta reconfortante; nos consuela. Ya puestos, vamos a describir algunos de los especímenes que más rabia nos dan del mundo infantil. Lo malo de este ejercicio que viene a continuación es que, siendo padres, no podemos corroborar al cien por cien ese dicho que dice «de esta agua no beberé». Así que, con la firme promesa de que no caeremos en estas prácticas, pero sin acabar de confirmarlo del todo, procedemos a describir algunas de las manifestaciones paternales y maternales que más rabia nos dan de la actualidad, una lista de padres con *hobbies* infernales que rozan la legalidad e incitan a la denuncia. Veamos pues este paseo de los horrores:

El fenómeno del *sharenting* y los padres que crean cuentas en Instagram para sus hijos y sus fetos

No nos malinterpretes. Todos pasamos por una fase *paparazzi* con nuestros hijos. Es lo más normal del mundo que tus hijos, lo que más quieres sobre la faz de la tierra, salpiquen tu Instagram y demás muros de tus redes favoritas. ¡Quien esté libre de pecado que tire la primera piedra! Hasta aquí todo bien. Pero una cosa es homenajear a tu prole y chochear en público —algo que nosotros hacemos a menudo— y otra es rozar el límite de la explotación. Cuando cruzas esa línea, la cosa empieza a dar un poco de miedo. Crearle una cuenta a tu churumbel y retransmitir su vida como si fuera un modelo internacional, por ejemplo, da miedo. Esas cuentas son rarísimas, sobre todo las de perfiles en los que los *copies* están escritos en primera persona.

¿Cuál será la motivación real para incurrir en esta clarísima suplantación de identidad? ¿Un simple *hobby*? ¿Pasta? ¿Rascar *likes*? ¿Aburrimiento? ¿Inseguridad o querer comprobar que hay otra manera de ser unos padres ideales? ¿Simplemente porque te da la gana? ¿Maldad? Motivaciones hay mil y por supuesto que cada uno haga de su capa un sayo, pero no nos negarás que son prácticas un poco extrañas. Pero bueno, al fin y al cabo, lo de dar esa «voz muda» a los bebés forma parte de una práctica que viene de lejos: niños modelos, actores exitosos y juguetes rotos... y la realidad es que una foto de un niño consigue más interacciones que una de un adulto.

En esta era moderna que nos ha tocado vivir, la exposición pública también es una suculenta ventana de publicidad y una posible fuente de ingresos que, por ahora, es legal. Siempre que nos topamos con alguna de estas cuentas nos asalta la misma duda: ¿cómo consiguen esos padres que sus hijos posen cual modelo experimentado? ¿Por qué todo en sus casas está tan ordenado? ¿Cómo se les ocurren esos *hashtags* tan cursis? En fin, lo dicho, criticar por criticar.

El mundo del *influencer* que ni siquiera habla está muy desarrollado y explotado. Hay incluso fetos que ya tienen sus cuentas de Instagram con miles de seguidores. ¿Te los imaginas con sus proyectos de manitas tecleando o eligiendo si poner un filtro Clarendon o Lark? Uno de nuestros momentos favoritos de la era moderna sucedió en el año 2018 y el protagonista fue un bebé *influencer*. En el marco de la entrega de los Premios Martín Fierro Digital, otorgados por la Asociación de Periodistas de la Televisión y Radiofonía de Argentina, de repente saltó la sorpresa. Mirko, un bebé *influencer* con más de 2 millones de seguidores, se hacía con el premio a Influencer del Año. Mirko, hijo de un conocido presentador de televisión que a su vez es su *community manager*, es famoso desde el día que abrió su cuenta, estrenada, por supuesto, con una foto de una ecografía de la tripa de su mamá subrogada. Obviamente, Mirko no es el único. Hay más, muchos más y cada vez son más las cuentas de Instagram donde la primera fotito la ocupa una ecografía siniestra.

La increíble web inglesa ParentZone[7] colaboró recientemente con la plataforma Nominet en un interesantísimo estudio llamado *sharenting*,[8] sobre padres que comparten fotos de sus hijos en redes sociales. El escalofriante estudio refleja, entre otras cosas, que solo un 10 por ciento de los padres somos conscientes de las políticas de privacidad de Facebook —para seros sinceros, nosotros ni las hemos mirado— y arroja un dato durísimo: antes de que nuestros hijos cumplan cinco años, habremos subido 1.500 fotos suyas a las redes sociales. Afortunadamente, los niños crecen y llegará un momento en que tus hijos no te dejen ni sacarlos en *stories*, como nos pasa a nosotros, o en que te denuncien. Los bebés no están exentos de los comentarios de los *haters* y demás fauna maligna, así que hay que tener cuidado con ello.

Los padres creadores de contenido

Nosotros mismos tenemos un canal de YouTube. Nuestros hijos se niegan a salir en él, les da vergüenza ajena lo que hacemos. Y no les

7. <https://parentzone.org.uk/about-us>.

8. <https://parentzone.org.uk/article/average-parent-shares-almost-1500-images-their-child-online-their-5th-birthday>.

culpamos. En un mundo donde tus héroes están precisamente en YouTube, paraíso de creadores de contenido ligero, que tus propios padres tengan un canal debe de ser un verdadero bajón. Como decíamos, nuestros hijos se niegan a salir; solo la pequeña ha accedido a ello, la pobre tiene tres años y no puede negarse. Cada dos años sacamos un vídeo con ella y así no nos sentimos mal.

La explotación de niños en YouTube está muy desarrollada, ha evolucionado mucho. Hay cientos de canales de familias que retransmiten su vida familiar y cuyo hilo conductor son los niños. Partos, baños, primeros dientes o pasitos son retransmitidos con todo lujo de detalle para audiencias masivas. Hay canales que tienen *spin-offs* en los que los protagonistas son directamente los niños, y cuentan con millones de suscriptores.

El *clickbait* de los padres que explotan a sus hijos en internet

No te imaginas lo que vas a leer a continuación. Te vamos a dejar sin palabras. Es lo más tremendo que vas a ver hoy...

Esta forma cutre de generar expectación es lo que se llama *clickbait*; poner cebos para que hagas clic. No tenemos ninguna duda, retransmitir tu vida familiar en internet debe de volverte loco. Ahora que triunfa todo lo que se comparte y se nos cruzan al día cientos de *link*s e informaciones, los creadores de contenido muchas veces optan por plantar cebos y anzuelos en forma de titulares *clickbait* para sus vídeos, fotos, *stories* y demás contenido digital. Cuantos más visionados, más ingresos. Cuando ser esclavo del clic es tu forma de vida, es normal que cometas barbaridades como publicar una *story* de tus hijos metidos en una bañera de gelatina, o retransmitir tu ecografía. En los últimos tiempos hemos sido testigos de tácticas de marketing muy agresivas: es habitual ver vídeos, fotos y contenido con títulos tan amarillistas como «Nuestra perra se escapa y la perdemos y no sabes lo que pasó», «Las niñas lloran la muerte de nuestro perro» o «Incineramos a nuestro gato», mientras en la miniatura del vídeo vemos un primer plano de las niñas llorando. Sí, esto que os contamos existe.

24. Este mundo nos odia

A veces los padres caemos en una espiral derrotista y tendemos a pensar que el mundo no está hecho para nosotros. A veces nos pueden las circunstancias y es fácil caer en el siguiente pensamiento:

Reconozcámoslo, España no es un país fácil para reproducirse. Y no lo decimos ni por el paro, ni por lo difícil que es reunir dinero para desarrollar una vida normal, ni por las precarias ventajas laborales, ni siquiera por las irrisorias bajas maternales o paternales. Lo decimos porque este no es un país hecho para tener hijos. Los niños en este país no son bienvenidos. Nada es cómodo si tienes niños. No hay cambiadores en ningún sitio, en la mayoría de los restaurantes no hay ni sillitas de niños y si vas con niños parece que molestas a los camareros y también a los clientes. Además, muy pocos lugares y servicios públicos o privados están adaptados para algo tan natural como tener hijos.

Te comprendemos, nosotros ya nos hemos acostumbrado a la guerra, a lidiar con imbéciles, a decirles a los señores mayores en el tren que los niños a veces lloran y, sobre todo, a aguantar caras de culo de gente amargada incapaz de solidarizarse con personas tan locas como para querer reproducirse en un país tan insolidario con los niños. Y nos quejamos, claro que nos quejamos, pero no al aire. Cuando vemos que un servicio público no está adaptado, nos quejamos a quien corresponda. Cuando una parada de metro no tiene un solo ascensor para que no nos partamos la espalda subiendo el carrito, lo pedimos. Y cuando en un restaurante no hay ni cambiadores, lo sugerimos. Es nuestra pequeña revolución familiar. No servirá para nada, pero es nuestra humilde forma de resistencia a un sistema que no piensa en nosotros. ¿Te imaginas una plataforma de padres exigiendo derechos y haciendo pequeños escraches en lugares públicos y privados insolidarios? Lástima que ninguno tengamos tiempo.

25. Los niños de los demás siempre serán peores

Siempre habrá alguien con un hijo más insoportable y malvado que el nuestro, es el consuelo que nos queda. Cuando ves un niño Chucky o a unos padres desesperados, es inevitable que te embargue una sensación de alivio y de cierta satisfacción. En el fondo te das cuenta de que algo estás haciendo bien y de que nada es tan tremendo como parece. Tener un niño insoportable es algo que no le recomendamos ni a nuestro peor enemigo. Vivir sujetos a la dictadura de un mocoso suena diabólico, patético y triste, y realmente lo es. ¿Cómo se llega a este estado de desesperación? Cediendo, no poniendo límites y consintiendo. Los padres solemos desarrollar un filtro auditivo que amortigua los llantos de nuestros hijos y hace que ni los oigamos, pero sí se oyen. Cuando te sorprendas justificando las diabluras y desplantes de tus hijos con frases débiles como «Son cosas de niños», «Ya se le pasará», «Tiene un mal día»... sabrás que tienes un hijo Chucky. Pero no pasa nada, estos comportamientos requetechungos se pueden corregir con terapia, tiempo y mucha paciencia. Pruébalo y así no te veremos en una futura edición de *Hermano mayor*.

26. Cosas raras de nuestros hijos que en el fondo nos gustan: los TOC

Pequeñas manías insignificantes, ¿o no?

Manía según la RAE:
1. f. Especie de locura, caracterizada por delirio general, agitación y tendencia al furor.
2. f. Extravagancia, preocupación caprichosa por un tema o cosa determinada.
3. f. Afecto o deseo desordenado.

Hace unos años nos fuimos de vacaciones y al llegar al destino descubrimos que en el trayecto nos habíamos dejado el chupete. En vano fuimos a la farmacia a comprar un arsenal de estos objetos tan deseados por el niño. Gran sorpresa nos llevamos al comprobar que nuestro hijo se lo ponía en la boca y, como si fuera un catador profesional, lo escupía con cara de asco. Pensamos que era la típica pataleta infantil, pero al cabo de unos días encontramos el mismo tipo de chupete que el que se nos había perdido: misma marca, mismo tamaño, mismo color. Ese sí lo quiso. No quería cualquier chupete, quería ese chupete.

Esto es lo que llamamos PMI (pequeñas manías infantiles) o PTS (pequeños TOC), TOC sin mayor importancia.

No nos referimos aquí a temas médicos que tienen su complejidad y necesitan su análisis. Hablamos de tics pasajeros que lo mismo nos hacen reír con ganas o bien salir de casa con un ataque de nervios. Todos hemos observado algunas extravagancias o intereses caprichosos de nuestros hijos por cosas que se nos antojan ridículas.

Por ejemplo, nuestra hija únicamente quiere utilizar bragas que contengan el color rosa. Si hace un mes le encantaba *Frozen*, ahora su cuerpo no puede soportar nada que tenga que ver con el color azul. Es más, cuando le ponemos algo que no combine con su color favorito, se empieza a rascar y a decir que tal o cual prenda le pica. Es de la liga de las Amas del Rosa, una especie de logia secreta cuyo objetivo es destruir los nervios de todas las madres del mundo que, cualquier día del año, estén vistiendo a sus hijas a las ocho de la mañana. No pasa nada, algún día esa adicción se le pasará y todos volveremos a ser felices.

Estos son algunos de los tics que hemos vivido en persona o que han sido reseñados por nuestros amigos:

- ✔ Insiste en ponerse la misma camiseta de tirantes de dinosaurios todos los días. Incluso si estamos en invierno.
- ✔ No quiere usar las gomas de borrar para no gastarlas; siempre deja una esquina «virgen».
- ✔ No me deja tirar nada de sus juguetes aunque sean trozos de cosas irreconocibles... va a mirar a la basura y lo recupera todo.

✔ Tiene que hacer caca desnuda solo con calcetines. Incluso fuera de casa.

✔ Necesita dormir con un peluche tapándole la cara.

✔ Ordena los dinosaurios de su balda, de más grande a más pequeño, todos los días antes de dormir.

✔ Ordena sus coches en escala cromática.

✔ Toma la sopa con dos cucharas, alternándolas para que no se recaliente el metal. Y está muy orgulloso porque le parece que tiene un sistema innovador que revolucionará la sociedad.

✔ Al vestirse se desnuda por completo y lo primero que se pone son los calcetines. Se congratula por lo bien que le quedan en conjunto con los pantalones. No nos preguntes por qué, pero necesita desnudarse entero. Solo verlo da frío.

✔ No quiere que nadie beba de su vaso o pruebe de su plato. Si eso sucede, hay que cambiar el plato.

✔ Se chupa el pelo.

✔ Separa meticulosamente los ingredientes del plato y no soporta que se mezclen.

✔ Insiste en caminar sin pisar rayas.

✔ Tiene dos años y todas las frutas las debe pelar por su cuenta: mandarinas, plátanos... Y muchas veces no tiene fuerza.

La lista podría ser interminable. Y cuanto más insistes en que lo deje y más te enfadas, peor se pone la cosa.

Muchos padres y madres nos cuentan que a veces las manías les hacen trabajar el doble, porque tienen que desvestir y volver a vestir al niño, cambiarle el plato porque no encaja el color que quería utilizar ese día, o abrir un paquete de galletitas porque tiene que ser nuevo.

Queridos padres: por lo menos ahora sabéis que no estáis solos. Ahí afuera hay una mayoría que sufre en silencio las rayaduras de sus hijos.

Tal vez lo mejor sea quitar hierro a la situación, intentar distraer al niño, proponerle alguna otra actividad y dejar que la cosa fluya. Y a lo mejor también mirarnos nosotros al espejo. Nosotros desde pequeños nos rascamos la garganta con la lengua, los dos, por casualidad, y ahora hemos descubierto que nuestros niños también lo hacen. Y vosotros, ¿habéis pensado en cuales son vuestros TOC?

Parte 6
Categorización de padres y madres enloquecidos. Gente a tu alrededor a la que podrían ingresar en un psiquiátrico y no lo sabe

Padres que se queman de ser padres. El agobio innegable de ser padres en la era de las redes sociales y el postureo. Padres que rozan la locura. El increíble mundo chalado de los eco-adictos y los talibanes del azúcar. Los padres reciclados, los primerizos, los estresados y la figura del padre ausente. El arte del *mamasplaining*. Los padres helicóptero o mánagers o como quieras llamar a esos padres locos que no dejan en paz a sus hijos. El peligro de la infantarquía.

27. Ser padre o madre, ¿te puede quemar?

Mucho ojo, ¿puede uno quemarse de la tarea de ser padre o madre? La respuesta es sí. Os ponemos en contexto, esto que os vamos a contar, como casi todo en este libro, es una historia real. Hace unos años, uno de nosotros tenía un trabajo fenomenal, todo le iba bien. En plena crisis española, percibía un sueldo importante, viajaba por trabajo, tenía beneficios de todo tipo y de repente, sin aparente razón, se quemó. Una terrible sensación de hartazgo invadió su existencia, por mucho entusiasmo que trataba de proyectar en su suertuda carrera laboral no conseguía recuperar la ilusión. Como decía ese sabio grupo catalán de tecno pop llamado Astrud: todo le parecía una mierda. Esa falta de apetito emocional y compromiso laboral llevó a esa persona a acudir a un médico. Enseguida, sin dudarlo un ápice, le diagnosticaron síndrome de *burnout*.

«¿Y qué es esto?», se preguntó y te preguntarás tú también. Es un trastorno emocional que está vinculado al ámbito laboral, el estrés que nos causa el trabajo y el estilo de vida del trabajador. Las consecuencias afectan tanto psicológicamente como físicamente. Suele darse en personas con trabajos vocacionales, como fue el caso que nos atañe. Al principio las manifestaciones, el mal rollo y el malestar solo se manifiestan en la vida laboral, pero finalmente afectan a la vida social y familiar. De repente te invade una extraña sensación que te elimina de un plumazo el habitual entusiasmo por hacer las cosas. La solución en este caso fue radical: cambiar de rumbo laboral. Esta misma quemazón se ha empezado a manifestar entre padres; son cada día más los casos de gente que padece *parental burnout* («quemazón parental»). Según un estudio realizado por la prestigiosa web Frontiers in Psychology,[9] esta quemazón existe y es cada vez más habitual. Lo más jodido es que de trabajo puedes cambiar, pero de familia no.

Por un momento trata de visualizar lo siguiente sin deprimirte. Un padre y una madre trabajan toda la semana, llega el viernes y entonces no dejan precisamente de trabajar. Termina la semana laboral y comienza el trasiego del finde: llevar a los niños a natación y/o inglés, hacer cenas, poner pijamas, bañarlos, ir al partido de fútbol, a la clase de pintura y repartirse para que tus dos hijos de distintas edades vayan a cumpleaños distintos. Esto sin contar las posibles visitas, broncas, amenazas de castigo, deberes y demás quehaceres que se nos olvidan. Vamos, el día a día de una pareja con hijos normal y corriente. No tiene nada de raro que esta frenética actividad acabe con tus fuerzas ni que termines quemándote, y eso es peligroso. Por ello conviene no exigirse demasiado y poner el freno a esta actividad frenética. Es una actividad autoimpuesta porque, si lo piensas bien... ¿nos obliga alguien a someternos a este desfase de actividades y responsabilidades?

9. <https://www.frontiersin.org/articles/10.3389/fpsyg.2018.01021/full>.

28. Padres y madres en la era de las redes sociales

Existe un innegable componente estresante en la exposición al nuevo marco digital en el que nos movemos. Lo exageradas que resultan todas esas fotos preparadas que posteamos en redes es algo que, inconscientemente, nos afecta. De alguna forma, esas fotos se convierten en un termómetro que nos evalúa y mide nuestro valor como padres. Parece una gilipollez, pero piensa en tu propio entorno y trata de recordar a alguien que haya colgado una foto de una estampa familiar puramente costumbrista: de las que vivimos a diario, de esas entrañables con tu hijo despeinado con un calcetín de cada color, o de esa vez que se te puso de chocolate hasta el cogote. ¿Das con alguna? Queramos o no, maquillamos la realidad en redes y eso también resulta agotador; tratar de mantener ese estándar de perfección a la larga quema.

En esto de ser padres hay muchas cosas que nadie te dice, y eso es una putada. Ni el embarazo ni la crianza de los hijos son precisamente un camino de rosas en tonos pastel. La aventura de ser padres se aleja un poco de una estampa de Instagram. De repente tu casa se llena de cachivaches, la mayoría inútiles, y se añaden a tu día a día cientos de nuevos conceptos, responsabilidades, miedos y tareas. Nadie te avisa de que la repetición será una constante en tu vida; nadie te dice que verás la misma película decenas de veces, leerás el mismo libro y escucharás la misma canción hasta el hartazgo. Tampoco te cuentan demasiado sobre tus nuevas obligaciones y casi mejor así, si no nadie se lanzaría a esta aventura sin par. Ser padres no te cambia la vida pero a ti sí que te cambia, y hay mucha gente que debe saberlo por si no está dispuesta a sacrificarse. Hace un tiempo vimos una foto de la actriz e *influencer* Paula Echevarría en Instagram, con la que le decía públicamente a su hija que sacaba lo mejor de ella. Es verdad, los hijos sacan lo mejor de ti, pero también lo peor.

29. Categorización de padres y madres enloquecidos

Como seguramente sabes, este estado de alerta parental es intenso, duro y requiere que tengamos la cabeza bien amueblada. Aunque lo ideal es no cargarnos con más responsabilidades de la cuenta, hay mucha gente que al ser padre o madre agudiza ciertos comportamientos y los lleva al límite. Mucha gente encuentra sentido a su existencia y enseguida le parece bien que todo gire en torno a ese eje que es ser padre. A continuación veremos algunos comportamientos que hemos advertido a nuestro alrededor que nos asustan y chocan, otros que nos divierten y algunos que tenemos muy presentes para nunca caer en ellos. Pasen y lean.

a) Los eco-adictos

Seguro que tienes amigos que aparentemente eran normales y que al reproducirse han mutado en auténticos radicales del mundo orgánico y la secta ecológica. Un aviso: son peligrosos y su obsesión te puede salpicar, pues son contagiosos. He aquí algunos *tips* para identificarlos y pararlos. De las drogas se sale, de la eco-adicción no lo tenemos tan claro.

Son radicales

No es una regla, pero muchos de esos amigos tuyos que bebían como bestias pardas y a los que les valía cualquier excusa para llamar al camello son los mismos que ahora recorren desesperadamente la ciudad en busca de bayas de goji para el desayuno de sus hijos. Se declaran talibanes del azúcar y son capaces de boicotear planes si el restaurante al que se va no pasa su filtro, o, en fiestas de cumpleaños, de inventarse el malestar estomacal de sus hijos con tal de que no coman las mierdas que comen nuestros niños.

Son maleducados

Ser un *control freak* y tratar de que a tu hijo no le contamine la vida moderna debería tener sus límites. Por mucho que te joda, cuando la abuela le ofrezca un pedazo de chorizo del pueblo, coge aire y jódete. Tu radicalismo no debería rozar la falta de respeto. Los abuelos están para cuidarlos y, siendo así, pueden hacer con sus nietos lo que les plazca.

Odian las chucherías y los gusanitos

Los caramelos, te los den en la puerta del colegio o no, son DROGA. Somos conscientes de los problemas de salud y sobre todo económicos que acarrean las caries, pero también sabemos que para un niño un cumpleaños sin chucherías es como un festival sin drogas, o como un jardín sin flores. Puedes prohibir las fresas silvestres, los fresquitos o los melocotones azucarados en la intimidad, pero sustituirlos por engaños ecológicos es un error. Darles a tus hijos chuches de quinoa, de equinácea, jengibre, acerola, hierbas alpinas, ajo negro, guaraná, caramelos de loto o bayas de goji en vez de gusanitos es una putada inmensa, algo que difícilmente te perdonarán y, sin duda, un nido de traumas.

Si sigues con la prohibición, tu hijo se hará yonqui y en la primera fiesta de cumpleaños en la que te descuides comerá como si no hubiera un mañana, como un bulímico en éxtasis, y jamás podrá olvidar esa sensación de gozo, buscándola allá donde vaya.

Son carísimos

La vida ecológica, que nosotros perseguimos con ahínco, no es precisamente ECO-NÓMICA. Para familias gigantes como la nuestra, la compra de doce litros semanales de leche eco, o de pan con levadura de masa madre para un regimiento, es casi inasumible, y no estamos dispuestos a dejar de comprar otras chuminadas en pro de una alimentación de jeque árabe. DE TODAS MANERAS, admítelo, no es normal que tu hijo tenga exactamente la misma dieta que una modelo de Victoria's Secret. Es un niño, no GWYNETH PALTROW.

Son una mafia

Los eco-padres son obsesivos. Cada merienda o fiesta escolar se convierte en una cruzada para hacerse con las viandas y sustituirlas por la cosecha de un huerto ecológico. Sí, aunque no lo creas, existen padres y madres tan radicalizados que una merienda cualquiera de sus hijos parece una perfecta foto de Instagram.

Una anécdota en este sentido. Tenemos unos amigos que llevan a su hija a un colegio moderno de enseñanza libre, donde sus compañeritos llevan una temporada saqueándole el *tupper* casi a diario. A la pobre le ponen sándwiches de queso, jamón york y demás alimentos de toda la vida. Sus compañeritos, hartos de tanta baya y yerba albina, la asaltan a diario y le arrebatan el queso y el pan bimbo como si fueran hambrientos concursantes de *Supervivientes*. Sueñan con ese *tupper* y babean con él. La hija de nuestros amigos, sin saberlo y sin quererlo, se ha convertido en su camello. Esto es una historia real, así que mucho ojo con trasladar tanta locura a tus pequeños; puedes acabar alejándolos de la sociedad.

Son enfermos

Esta obsesión por comer todo sano ya está tipificada como enfermedad, así que la cosa es seria: se llama *ortorexia*. Una chaladura que puede ser perjudicial para tu vida y la de los demás. Dejas de ir a fiestas de cumpleaños porque esos padres son unos asesinos y seguro que ponen ganchitos en un bol feo. Dejas de ir a cenar a casa de no sé quién porque no sirven carne de bichos criados en un corral, o prohíbes a tu hijo ir a casa de Los Prieto Flores porque ven la tele y beben leche natural. Cuando te veas a ti mismo recorriendo todas las etiquetas de los alimentos compulsivamente en busca de algún ingrediente cabrón, sabrás que tienes ortorexia, y lo sentimos mucho: estás enfermo.

b) Los talibanes del azúcar

Estos solo tienen un problema, el azúcar. Su lucha contra la sacarosa es una cruzada crónica, una guerra feroz sin descanso. No solo se lo prohíben a los suyos, sino que en cualquier momento, con cualquier excusa, venga o no venga a cuento, estarán dándote lecciones de vida y argumentando por qué el azúcar es el polvo de Satán.

Están tan chalados que asustan. Son capaces de cortarte un brazo si te ven ofreciéndole una galleta María a su hijo y, si algún día te pillan comiendo algo con azúcar, te recriminarán el acto y te listarán todas las enfermedades de las que puedes morir por engullir lo que te estés tomando en ese momento. Una vez una mujer antiazúcar le dijo a una amiga nuestra que era una suertuda por tener una hija celiaca. ¿Suerte? Otra amiga nuestra con la que nos corríamos unas buenas juergas hace quince años se ha radicalizado hasta la locura. Su hija nunca ha tomado azúcar y una vez, viendo *Mary Poppins*, pasó rápido la escena en que la bendita canguro canta aquello de «con un poco de azúcar, esa píldora que os dan». El azúcar es mala, eso es un hecho. La Organización Mundial de la Salud año tras año advierte de sus peligros y baja el porcentaje de azúcares que debemos ingerir para llevar una dieta equilibrada.

En nuestra casa no hay azúcar, intentamos no tomar productos con aceite de palma y odiamos las golosinas porque hemos tenido disgustos mayúsculos con dentistas y sabemos que descuidarte se paga caro. Hasta aquí, todo bien. Nos resistimos al azúcar igual que nos resistimos a que los niños digan palabrotas o contesten mal, pero de ahí a comenzar una cruzada hay un abismo. Una chuche de vez en cuando no mata a nadie, tampoco una galleta María, y exponerte a una piñata en un cumpleaños el único peligro que tiene es que se te caiga un chupa-chups y se te clave en un ojo, pero poco más.

c) Los que lo arreglan todo reproduciéndose

Hay parejas inmersas en tremendas crisis que deciden resolverlas teniendo hijos. Como si esta nueva criatura fuera a solucionar de un plumazo todo lo que ellos no han sabido hacer por sí solos. Un aviso: los niños hasta bien entrados en años son incapaces de razonar y no te van a dar un sermón que resuelva tus problemas de pareja. Al contrario, tener hijos es un desafío y una responsabilidad enorme para la pareja y conviene estar en un momento de conexión absoluta para que ese nuevo ser no tambalee tu existencia. Aparte de criar churumbeles, la tarea más importante de la vida con hijos es cuidar de tu pareja; y no hablamos de respeto sino de desvivirte, construir un hilo irrompible donde no quepa la erosión, cuando todos los días pongas de tu parte para que reine la armonía y que las frustraciones de ambos, peleas y dramas varios no os afecten ni a vosotros ni a los niños.

¿Cómo afectan nuestras peleas a nuestros hijos? Hay que tener en cuenta que a los dos o tres años los niños ya se enteran de todo y sienten la tensión familiar. Muchas veces, esas vibraciones afectan al carácter de los más pequeños. Una vez leímos un artículo[10] del profesor Gordon Harold y la académica Ruth Sellers sobre las consecuencias que tienen las discusiones de padres delante de los menores, y nos quedamos helados. El estudio que se llevó a cabo demuestra que los menores expuestos a conflictos familiares pueden experimentar, entre otras cosas:

- mayor frecuencia cardíaca
- retrasos en el desarrollo del cerebro
- problemas en el sueño
- ansiedad y depresión
- problemas de comportamiento, especialmente en los niños; a las niñas les afecta más en el plano emocional
- desequilibrios en las hormonas del estrés

Nuestra recomendación para afrontar estos inevitables conflictos es hacerles entender a los niños que sus padres no siempre están de acuerdo. Exponer las causas de las discusiones y cómo las habéis resuelto es una buena solución para evitar los síntomas arriba descritos.

Resolver crisis intensas de pareja quedándose embarazados es una buena cagada. Craso error. Cuando tenemos niños es más difícil encontrar momentos calmados para charlar, y esa falta de diálogo e intimidad muchas veces provoca que los conflictos se queden sin resolver y se acumulen, de manera que el resentimiento y el reproche explotan a la primera de turno. La decisión de lanzarse a tener un niño en una época de desavenencias es un suicidio, una fábrica de padres *abandó-*

10. Podéis descargarlo aquí: <http://sro.sussex.ac.uk/73500/>.

nicos y ausentes y de mujeres con depresión. Tener un hijo es un acto de generosidad suprema e implica algunos trastornos bastante importantes en tu vida diaria: más preocupaciones y responsabilidades, nuevas rutinas, falta de sueño, tiempo limitado para tu ocio... una serie de factores que constantemente ponen a prueba nuestra relación de pareja. Ya sabes: lo que no se cuida se deteriora; lo que no se riega se muere. Si tu rutina habitual es estar peleándote sin parar con tu pareja, ten claro que un embarazo no va a mejorar las cosas que ya deberíais haber arreglado. También existe una cosa que se llama terapia, a la que podéis acudir para resolver conflictos de pareja. En muchos países la gente va a menudo a terapia y no está loca; simplemente acude para resolver situaciones y desacuerdos. Pruébalo.

d) Los padres ausentes

No sabemos quién es el culpable pero al padre —al padre como figura paternal y supuesto responsable al 50 por ciento de la crianza de los niños— se le ha dado erróneamente un papel secundario. ¿Sabes si tu pareja es un padre ausente o lo eres tú? Aquí algunos *tips* para identificarlos y señalarlos:

El que está pero no está

El trabajo es su prioridad y se ha enganchado a la vida de ejecutivo agresivo cuando ni siquiera le corresponde esa categoría. No sabe poner límites en el trabajo, pero tampoco le importa. No se pilla la baja de paternidad ni por error, porque se cree que sin él el mundo se para. También se apoya en la falacia de que pasar tiempo de calidad con los suyos compensa su ausencia diaria. Si le ponen una reunión a las siete de la tarde, no se rebela aunque esa sea su hora de salida. En el fondo es un sometido. Es posible que con el tiempo cambie sus prioridades y se dé cuenta de lo idiota que ha sido, pero ya no habrá marcha atrás.

El hedonista

Un ser que huye de sus compromisos y a quien básicamente solo le importa él mismo. Es fan de las relaciones altamente superficiales y no suele sentir empatía por nada, y por supuesto no se pone en la piel ni de su mujer ni de sus hijos. También existe el hombre inmaduro: a este tipo de personas les cuesta relacionarse; temen el compromiso y lo que este conlleva. Esquivan cualquier responsabilidad y, por ende, las de la paternidad.

El patriarca

Ese que asume que esto de criar a los hijos, al igual que poner comidas, tener la casa ordenada y coordinar la vida en general, es cosa de hembras. Se ha educado así y, pese a ser una persona aparentemente normal, en este tema en concreto es un hombre chapado a la antigua, un ser del cromañón.

El irresponsable y antipático

Ha tenido hijos pero está a otra cosa mariposa. Se ha separado bruscamente y si te he visto no me acuerdo. No pasa manutención, no ha ido a ni una sola función escolar y, básicamente, no ha aparecido en la vida de sus hijos. En nuestra familia tenemos un caso muy cercano y lo que más sorprende de este tipo de seres es que, intermitentemente, en ciclos que suelen rondar los cinco años, aparecen como si nada hubiera pasado e inmediatamente vuelven a desaparecer. Increíble pero cierto.

Como ves, una ristra de egoístas de aquí te espero.

> Queridos machos ibéricos, si vais a tener hijos debéis tener clara una cosa: el orden de las prioridades cambia, eso no quiere decir que tengáis que enterrar vuestra vida anterior, pero es importante buscar el equilibrio y dedicar tiempo a vuestros vástagos; es de cajón. Ah, otra cosa, padres del mundo: no esperéis a tener una hija para declararos feministas públicamente. Cuanto antes os unáis a la causa, mejor.

e) Los reciclados

Es difícil pero, en general, conviene reciclar. No tirar las pilas a la basura, tratar de no consumir bolsas de plástico e inculcar este hábito a nuestros hijos. Como pasa con todo en la vida, hay gente que lleva esta práctica al extremo y cada vez son más los padres que lo reciclan todo. Alimentos, ropa y hasta pañales...

¿Pañales? Sí, pañales. Conozcamos por dentro la utopía de los pañales reutilizables. Por si no entiendes este concepto, te lo explicamos. Consiste en reciclar el pañal de tu hijo cada vez que haga pis o caca, ya sea una bolita o uno de esos ñordos que pesan como un muerto y que rebosan sus límites traspasando tres capas de ropa. Debes lavarlo, ponerlo a secar y re-utilizarlo. ¿Entendido el concepto? ¿No? Es verdad que el plástico es uno de los contaminantes más nocivos del planeta y también es una verdad como un templo que cada niño en su etapa de crecimiento utiliza media tonelada de pañales, y que una familia normal en tres años puede llegar a gastarse hasta 2.000 euros en pañales. Los números son durísimos de asumir, pero mucho más duro es reciclar pañales. Si decides tomar este camino, simplemente debes tener claro que malgastarás una media de mil días de tu vida en limpiar pañales con suma atención, sorteando diarreas, descomposiciones y pedos líquidos... todo para aportar tu granito de arena a un planeta más sostenible.

Primero empecemos por reciclar en nuestras casas la basura que producimos y luego pensémonos muy mucho lo de los pañales. La gente que apoya esta técnica no debe de haber tenido que enfrentarse nunca a un ñordo como dios manda; si no, callarían, o tal vez sea porque tienen mucho tiempo. Si lo piensas, es mucho más cómodo que tu hijo vaya con el culo al aire, sin pañal, y enseñarle a evacuar en la arena del gato. Aunque no lo creas, esto último —lo de domar a tu hijo para que cague donde el gato— es una nueva tendencia que viene de los países escandinavos, y que además fomenta su capacidad de compartir. Cuando esté cagando el gato, el niño tendrá que esperar y aprender a ser considerado.

Nosotros nos preguntamos: ¿qué pasa cuando vas a un restaurante y tu hijo entra en éxtasis emitiendo sonidos que claramente indican que está plantando un pino? ¿Vas a ir a ese baño, que por cierto no tiene ni cambiador, y lavar el pañal donde el resto de los clientes se lavan las manos? En un avión, ¿vas a pedirle a la azafata que te sostenga al niño mientras tú sacas el rastrillo e intentas que la caca se disuelva por el desagüe? ¿En serio?

f) Las que practican el *mamasplaining*

Hay un montón de madres que se han quedado pilladísimas. Se han quedado estancadas en su papel de madres. Se han obsesionado tanto con su rol que, pasados los años, incluso cuando sus hijos se han ido ya de casa escopetados, siguen obsesionadas. Lo saben todo, han pasado por todo y se creen con el derecho a darte lecciones sobre todo. Nuestra querida amiga argentina Charo López describe esta obsesión crónica por dar lecciones de como *mamasplaining*. Este término está inspirado en el *mansplaining*, un deje masculino que consiste en explicar las cosas a las mujeres sin tener en cuenta que probablemente lo hayan entendido ya y no necesiten su explicación, o que incluso la persona a la que se lo están explicando sabe mucho más del tema que ellos. Es un problema que viene del exceso de confianza y de la ignorancia, un legado machista que a día de hoy sigue existiendo. El *mamasplaining* vendría a ser lo mismo. Un montón de madres que te ven con un niño y, en vez de darte la enhorabuena, te asaltan con las tragedias que pronto llegarán a tu vida: «Este niño tiene ojeras, tienes que darle no sé cuántos»; «Verás cuando empiecen con los cólicos»; «¿Le has hecho la prueba de no sé qué?»; «Ja, cuando vaya a la guardería va a estar todo el día enfermo»; «Eso que está comiendo tu hijo provoca cáncer»... y así un sinfín de anticonsejos malrolleros que no necesitas. Cuando te quedas embarazada, todo el mundo se cree con el derecho a decirte lo que tienes que hacer y a advertirte. Esta gente, como dice Charo, sale de debajo de los árboles en los parques, te asalta en tiendas o te suelta esas sandeces sin venir a cuento, aunque no te conozca. Es gente terrorífica que tuvo algún trauma y a la que soltar mierda a los demás le produce cierto alivio. Ten cuidado con ellas y, sobre todo, no te conviertas en una de ellas. Los efectos son irreversibles.

g) Los primerizos

Dicen que el tránsito del útero a la vida es doloroso, que no nos acordamos de ello porque enseguida nos ponemos en alerta para sobrevivir; tenemos pocos minutos para hacernos con muchas cosas nuevas: respirar, el contacto con otros cuerpos, mamar, etc. De la misma forma, el cambio de ser una persona sin hijos a tener un tamagochi de carne y hueso es, sin duda, chocante.

Los padres primerizos están los primeros dos años de la vida de su hijo como los protagonistas humanos de *The Walking Dead*: duermen poco, tienen cara de asustados y ven peligros por todos lados.

Por una parte, su despiste está justificado. Aún hay muchos tabúes en torno a ciertos temas, o simplemente no se habla de ellos en la tele o en la sobremesa de las familias españolas. Si eres mujer, nadie te avisa de lo mucho que sangras después de dar a luz, ni te hablan sobre los apósitos tamaño Shrek (cuando decimos apósitos, también podemos decir «bragas rejilla desechables tamaño abuela») que vas a tener que usar los primeros días.

Tampoco te cuentan que el meconio del recién nacido es verde, ni te alertan sobre lo mucho que te pueden escocer los pezones cuando empiezas a amamantar (quien dice días, dice semanas). Seguro que nunca habías escuchado hablar de la mastitis y te llevas una sorpresa cuando vienen a pinchar al niño en el talón para hacerle una prueba importantísima.

No es culpa de nadie que tú nunca hayas escuchado cómo se limpia el ombligo del recién nacido. A ti jamás te habían interesado antes el calendario de vacunación o la correcta temperatura del agua para bañar a un bebé.

Dicho esto, tampoco podemos fingir sorpresa y decir eso de «yo no sabía que la maternidad/paternidad era tan dura». ¿Es que tú no veías a tus padres con cara de querer tomarse unas vacaciones de ti?

Hay cosas que ya se saben: al principio se duerme poco, los bebés son seres totalmente indefensos y dependen por completo de ti para sobrevivir en este mundo hostil. Se folla poco, se duerme menos, se tiene más tendencia a comer harinas y azúcares y, además, por una larga temporada no vas a poder coger un libro. No cuela hacerse el sorprendido.

Con lo que sí nos podemos sorprender es con el exceso de información contradictoria que hay en internet y con la cantidad de decisiones que tenemos que tomar los primeros años de la vida del niño.

Antes ser padre era una cosa común y más normalizada y, aunque los niños no venían con un manual de instrucciones, tenías mucha información que te pasaba tu madre, tu abuela o algún manual de crianza de los que se ponían de moda en aquellos tiempos.

Por ejemplo, si tu madre te decía que le dieras el chupete, ibas a la farmacia, comprabas el chupete y a correr. Ahora hay muchísima información a favor y en contra, recomendaciones de dentistas, sugerencias de pediatras y extensos artículos que te complican la decisión. Además, si finalmente escoges incorporar el chupete a tu vida, hay muchos factores que debes tener en cuenta a la hora de su compra: ¿lo quieres de caucho o de silicona?; ¿te has asegurado de que no tengan PVC?; ¿lo quieres con luces que brillan en la oscuridad o con tetilla ergonómica?

Cuando eres padre por primera vez, tienes la sensación de no llegar a nada y cada situación, por pequeña que parezca, se te hace enorme. Todo es nuevo y hay muchas cosas que ni siquiera sabías que tenías que hacerlas. Por si fuera poco, la gente tiene una extraña costumbre de decirte que te ve más cansada. El «te veo más delgada» o «te veo más guapo» ha sido sustituido por tiempo indefinido por «te veo más cansada». Sí, es deprimente. Tu madre, tu vecina, tu panadero y hasta la prima gallega con quien solo quedas una vez al año te dirán «te veo más cansada». Joder, ¡claro que estás más cansada! Has dado a luz y tienes a un pequeño vampiro chupateta que, si no está prendido a ti, es que te estás enterando de cómo va la movida esa de la leche de fórmula, los biberones y los esterilizadores.

¡Cómo no vas a estar cansada! ¡Por el amor hermoso! (léase aquí con acento de Chiquito de la Calzada). Estás cansada y así se va a quedar el tema durante mucho tiempo, por más espirulina que te empeñes en ponerle a tu café (por cierto, puaj).

Pero que no cunda el pánico: no todo es malo. Si te lo montas bien, puedes tener una baja maravillosa. El secreto es aprender a dormir cuando lo haga tu bebé. Aunque te resulte difícil de creer, hay gente que incluso aprovecha la baja para ir a museos —probablemente luego no vayas a volver en mucho tiempo—, pasear por el parque, ver muchas series o apuntarse a un curso *online* de manualidades.

Postdata: esto no se aplica a los autónomos.

h) Los estresados

Si vivías estresado antes, ahora lo estarás el doble. O el triple. Un ejemplo:

Situación de persona relajada con hijos

Estás en la playa, no te apetece ir a casa o al apartamento a comer, comes cualquier cosa en la playa. Los niños juegan a las palas, hacen castillos de arena y se cubren de barro de arriba abajo. Cuando te quieres dar cuenta, son las siete de la tarde. Qué buen día el de hoy.

Situación de persona estresada con hijos

Estás en la playa. Los niños tienen que comer sí o sí a las tres de la tarde, a las 14.15 tienes que ir recogiendo el campamento saharaui que has montado y a y media salir pitando a la casa o apartamento y hacer comida para los niños a toda pastilla porque a las 15.20 todos los putos días del año tus hijos se echan la siesta. Y da igual que sea verano, la siesta se la echan porque a mí me sale del parrús. A las 16.45 se levantan de la siesta, se lavan la cara, y tú, como una esclava o esclavo, les preparas la merienda. Todas estas gestiones las has conseguido terminar con éxito sorteando una decena de quejas y lloros y tras haber amenazado al menos dos veces a esas criaturas que tanto quieres, y lo peor de todo es que has acabado jodidamente agotado cuando en teoría el verano está hecho para descansar y podrías estar en la playa.

Así es como viven los padres estresados. En la playa, en la ciudad y en la vida en general. Son seres humanos incapaces de relajarse un segundo de sus vidas, seres que creen que esa rectitud hará de sus vástagos mejores ciudadanos y personas. Esta especie de padres vive una vida cuadriculada, casi militar. Su obsesión por el orden viene dada por algún desorden vivido en su niñez, algún trauma de la infancia no superado... a saber, unos padres ausentes o *abandónicos*.

i) Los padres viejos

Enhorabuena, por fin eres madre o padre. Durante décadas has ignorado tu reloj biológico y ahora ¡boom! has decidido reproducirte. A los veinte y a los treinta has llevado una vida salvaje, te has dedicado en cuerpo y alma a tu carrera profesional y a muchos otros episodios gloriosos de los que ya ni te acuerdas. ¡Qué pasada! Ahora, cumplidos los cuarenta, cuando los demás ya estamos criando prácticamente a adolescentes, tú vas a ser madre o padre ¡por primera vez! Mucha suerte. A partir de ahora te despertarás prontísimo y todas esas quejas que has oído a lo largo de tu vida las vivirás en carne propia. Porque, mientras tú estabas saliendo de marcha un martes, había gente pringada como nosotros llenas de ojeras, legañas y demás desechos corporales, porque estábamos criando niños. De todas formas, vuestros hijos tendrán suerte, no les podréis achacar que por su culpa no pudisteis ascender laboralmente o perdisteis vuestra juventud por criarlos.

j) Los padres helicóptero y cómo derribarlos

En los últimos tiempos hemos escuchado hablar mucho de los padres helicóptero. Esto es, aquellos padres que están todo el tiempo sobrevolando la vida de sus hijos, con un comportamiento sobreprotector que muchas veces acaba provocando el nerviosismo de los mayores y la ansiedad de los pequeños. A la madre helicóptero se la ve venir de lejos en la puerta del colegio de los niños; al padre lo encuentras gritando como un *hooligan* en el partido infantil de fútbol, como si fuera una final de la Champions League.

La periodista y escritora Eva Millet, especialista en educación y crianza, describe la *hiperpaternidad* como una crianza que implica orbitar alrededor de nuestros hijos, anticiparse a sus deseos y resolver todos sus problemas.

En su libro *Hiperpaternidad*[11] y en numerosas charlas que se pueden ver *online*, Millet cuenta cómo hemos pasado de un modelo de niños «mueble» a un modelo de «niños altar» y cómo el modelo de crianza de los padres helicóptero resulta en padres extenuados y niños hiperprotegidos e inseguros. En un vídeo que se viralizó recientemente, la autora explica cómo este fenómeno genera «hiperniños» con baja tolerancia a la frustración.[12] En sus palabras: «Si tú estás todo el día detrás del niño, protegiéndolo de todo lo que le puede pasar, no solo le empiezas a poner un germen de ansiedad sino que también lo estás incapacitando, le estás quitando una de las herramientas básicas de la vida que es la adquisición de autonomía».

Mientras escribimos este libro nos enteramos del fallecimiento de la maravillosa Noelia López-Cheda, ingeniera, consultora, escritora y conferenciante. Hace unos años escribió un *post* que se volvió muy viral y que luego se transformó en libro:[13] «Me niego a ser la agenda de mis hijos».[14] En él artículo reflexionaba sobre la tarea a la que muchos padres nos vemos abocados: pedir por WhatsApp los deberes de los niños. Noelia aboga por abolir esta práctica (nosotros también) y fomentar la autonomía y autoconfianza de nuestros hijos. El conocimiento de las fortalezas tiene que entrenarse desde pequeños. Citamos otra vez el blog de Noelia: «No me debo sentir como mala madre si no hago de agenda, me comporto como madre irresponsable si no educo para que mis hijos sean independientes y autónomos. No me debo sentir como mala madre por no sentarme con ellas/ellos a hacer los deberes, me comporto como madre irresponsable si no les brindo ayuda o apoyo emocional y de empuje cuando tengan realmente grandes dificultades».

11. Eva Millet es autora de *Hiperniños* (2018) e *Hiperpaternidad* (2016), ambos publicados por Plataforma Editorial.

12. <https://www.youtube.com/watch?v=QPJhshwV56k&t=36s>.

13. Noelia López-Cheda, *No seas la agenda de tus hijos y prepáralos para la vida*, Madrid, La Esfera de los libros, 2015.

14. <https://noelialopezcheda.wordpress.com/2014/10/30/me-niego-a-ser-la-agenda-de-mi-hija-por-el-whatsapp/>.

A muchos padres les puede la presión por que sus hijos sean lo que la sociedad espera de ellos. Muchos tienen miedo al fracaso de los niños y, en consecuencia, a su propio fracaso como padres. Su estatus depende de las habilidades de los niños. A muchos padres les encanta hablar de lo bien que se visten sus hijos, de lo buenos que son en el cole, de su capacidad de liderazgo (¿perdón?), de lo mucho que les gusta hacer actividades extraescolares y así...

Los padres helicóptero y sus mutaciones: las madres tigre, los padres mánager, los guardaespaldas, los apisonadora... además de ser absorbentes, sienten muchísima presión porque sus hijos triunfen. Conversaciones que antes nos hubieran sonrojado hoy parecen normales entre nuestros amigos y conocidos. A nosotros nos da un poco la risa cuando nuestros amigos nos intentan convencer de la afición supuestamente arbitraria de sus churumbeles por Rosalía o por un grupo nuevo tan exquisito que podría ser cabeza de cartel del Primavera Sound. Nosotros lo hemos intentado, no lo vamos a negar, pero a ellos lo que les va son las canciones ñoñas de Pablo Soler, la «Mochila» de Dora la Exploradora o el «Waka waka» de Shakira. ¿Justicia divina? Al menos a los nuestros les gustan Julieta Venegas y Javiera Mena, que, oh casualidad, son amigas nuestras. Conclusión: deja que los niños tengan sus propios gustos.

No podemos separar a los niños de los consumos culturales en los que se ven inmersos porque, entre otras cosas, escuchar lo último de James Blake no los va a convertir en unos seres iluminados. Por supuesto que está genial guiarlos y enseñarles lo que a ti te emociona y tal vez, con suerte, algún día conseguirás que sean amantes de la ópera. Y claro, sería maravilloso poder disfrutar de una versión actual de *La bola de cristal* o la versión española de *Yo Gabba Gabba*, programa de televisión americano donde te puedes encontrar cantando y actuando a Mark Mothersbaugh de Devo, a Of Montreal, a The Flaming Lips o a The Tings Tings. Pero mientras tanto, y sin sentimiento de culpa, también debemos dejar que ellos nos sorprendan con sus descubrimientos. A fin de cuentas, nosotros escuchábamos a Parchís y tampoco nos fue tan mal.

Uno de los desafíos más interesantes y más difíciles que tenemos hoy en día es «pasar» un poco de nuestros hijos. Hay que entender que darles más autonomía les permite gestionar mejor sus emociones y también sus decisiones. Conviene guiar sin oprimir, y esto es complicado cuando hay un sistema educativo y social en el que todo el tiempo se está juzgando al niño por sus habilidades y capacidades.

En una reunión de padres escuchamos anonadados cómo una madre le pedía a la profesora si los libros de lectura optativa —los que están en la biblioteca de la clase para incentivar la lectura de los niños— podían pasar a tener carácter obligatorio. ¿En qué momento se puede llegar a pensar que unos niños que van todo el día al colegio, tienen extraescolares y además tienen deberes y exámenes necesitan que los obliguen a leer un cuento? Si quieres que tu hijo lea, ¿has pensado por ejemplo en que te vean leer a ti? Y ya ni hablemos del placer de ir a una librería juntos y comprar libros. En fin, problemas del primer mundo, como diría una amiga argentina.

Los padres helicóptero sobrevuelan hasta tal punto la vida de sus hijos que incluso deciden las amistades de sus retoños, porque son una cosa importantísima para su *networking* personal. Cuando nosotros éramos pequeños nos hacíamos amigos de quien nos daba la real gana. Teníamos nuestra pandilla del pueblo, la del colegio, la del vecindario o la de la plaza. Nuestras amistades eran bastante aleatorias y nuestros padres conocían a los padres de nuestros amigos bastante tiempo después de establecerse la relación. Ahora en muchos casos es a la inversa. Los colegios, las actividades extraescolares y el tiempo de ocio se deciden en función de quiénes son los padres que participan en estas instancias. Los padres de los demás niños también forman parte del ecosistema y, por lo tanto, contribuyen a su estatus. Una amiga nos comentaba que, cuando estaba eligiendo colegio, en una de sus visitas la tutora le mencionó a los famosos cuyos hijos acudían a ese colegio. Otra amiga nos relataba emocionada que su hija celebraba el cumpleaños con «la hija de» y otro amigo nos contó orgulloso que en la puerta de extraescolares de sus hijos se encontraba con (mete aquí el nombre de cualquier pseudofamoso, político, actor, ¡*influencer*! que te venga a la cabeza).

Gente estúpida y esnob ha habido siempre, pero ahora el auge del esnobismo es mucho más visible, está más generalizado y ejerce una presión enorme sobre padres y niños de todas las clases sociales.

¿Hasta qué punto les estamos dando libertad a nuestros niños para aprender de las relaciones personales, entender el valor de la amistad o elegir en función de sus propias decisiones, gustos y necesidades? Al final estamos tan obsesionados en construir su futuro según el espejo de lo que deberían ser que nos olvidamos de vivir el presente. Como dice Julieta Venegas en unas de sus canciones (que les encanta a nuestros hijos a fuerza de ponerla todos los fines de semana mientras hacemos la colada): «El presente es lo único que tengo, el presente es lo único que hay».

Con buena intención, queremos controlarlo todo y que sean felices, y a veces perdemos el momento. Por el camino nos dejamos cosas importantes: los niños para entender el mundo necesitan independencia. Para comprender a los demás y no ser unos auténticos gilipollas, necesitan diversidad. Y, para todo, lo único que necesitan es tiempo. Tiempo para jugar, tiempo para aburrirse, tiempo para crear. Tiempo con nosotros sin que estemos dándoles indicaciones de forma constante. Si no tienen tiempo no dirigido a los seis años, ¿cuándo lo van a tener en toda su puñetera vida?

30. STOP infantarquía, cuando los niños te dominan

La hiperpaternidad de la que habla Eva Millet implica consentir a los niños, evitar que lo pasen mal, que se frustren. A menudo escuchamos decir que los niños son los reyes de la casa, y lo que pasa con todo sistema no democrático es que termina convirtiéndose en una tiranía. El término *infantarquía* lo leímos en el libro de Pamela Druckerman *Cómo ser una mamá cruasán*,[15] donde se dedica a analizar cómo los franceses crían a sus hijos desde el sentido común para terminar convirtiéndolos en niños educados, que duermen toda la no-

15. Pamela Druckerman, *Cómo ser una mamá cruasán*, Barcelona, Temas de Hoy, 2014.

che, comen todo tipo de comidas y saben comportarse sin que los padres tengan que estar haciéndoles un marcaje personal. Druckerman cita en su libro a Joseph Epstein, quien describe el fenómeno como aquella situación en la que «sencillamente se presta más atención a la crianza de los hijos de la que a estos les conviene».

> Padres y madres del mundo, tenemos un mensaje para vosotros: de la infantarquía también se sale.

Para nosotros, este fenómeno es más o menos común e influye en la vida cotidiana de muchas familias amigas. Hemos visto a padres desesperados que no pueden quedar en un restaurante porque a su hijo no le gusta «ese tipo de comida» o, lo que es peor, porque no tiene menú infantil. Hemos visto a abuelos que han tenido que interrumpir una amena conversación en el parque para recoger a todo trapo sus bártulos porque los nietos les han ordenado: «Vámonos ya». Hemos contemplado a padres turistas ir como mulas con todos los abrigos de sus hijos para que estos puedan disfrutar mejor de la experiencia de su viaje.

No estamos hablando aquí de rabietas puntuales. Nos hemos acostumbrado a un tipo de crianza dispuesta siempre a satisfacer los deseos de los niños (basta con ver los exagerados cumpleaños), en la que prima ese deseo de transigir sobre las necesidades reales de los niños. Hay tal miedo a la frustración que preferimos hacerles los deberes a que asuman sus responsabilidades, incluso si eso implica pulverizar las energías de padres más o menos normales. Nos contaba una amiga que se había quedado asombrada cuando en el cole privado de su hija había visto las láminas de niños de seis años: tenían una caligrafía perfecta, casi exagerada para niños de esa edad.

Tenemos muchos amigos que los fines de semana se dedican a «hacer planes de niños». Hay tanto miedo a que se aburran (porque, además, si se aburren, te dan la lata a ti) que preferimos llenarlos de actividades. Preferimos que vayan a un taller de pintura a que pinten en casa, cuando es mucho más fácil y económico sacar un cuaderno unos lápices y *voil*à, ¡a pintar!

Nosotros, como Druckerman, somos más bien amigos del modelo francés; esto es, escuchar genuinamente a nuestros hijos sin plegarnos a su voluntad. Es verdad que se trata de un equilibrio a veces un poco difícil de conseguir y no tenemos una fórmula para ello. Por un lado, tenemos la convicción de que no es posible ni sano cumplir con todos los deseos de los niños. La frustración es parte de su proceso vital. Por otro, a la vez hay que tener los oídos abiertos a los niños porque también tienen buenas ideas: pizza los viernes frente al televisor, ¿por qué no?

No hacer exclusivamente vida de niños tiene un doble beneficio. Los hijos pueden aprender a disfrutar de los pequeños lujos, como tomar un aperitivo los domingos en el bar, sin que eso sea un dolor de cabeza para sus progenitores; y los padres pueden planificar su ocio junto con ellos y llevar una vida que no solo gira en torno a los hijos.

Parte 7

El maravilloso mundo de los canguros.
Salir de marcha es mucho más caro que antes, infinitamente más

Cuando te das cuenta de que tu vida sigue y recurres al comodín del canguro. Algunos cálculos que confirman que tener un canguro es un lujo, un lujo necesario. Llegar ciego a casa y que esté el canguro. Exprimir tu salida nocturna como si fueras un adolescente engorilado. Extorsionar a tu canguro cuando te cancela y el extraño mundo de las *au pair*.

31. Todos somos contingentes, pero solo los canguros son necesarios

Los servicios de los canguros se han convertido en toda una necesidad para poder llevar una vida normal y no convertirse en una ameba social. Pagar 10 € la hora para que un/a joven se quede en tu casa terminando de ver su serie favorita puede parecer un escándalo, pero nada más lejos de la realidad. Todos somos contingentes, pero solo los canguros son necesarios.

La realidad, y que no te digan lo contrario, es que tener hijos obviamente te cambia la vida y lo notas enseguida en temas como salir. Antes, cuando querías salir de marcha o ir al cine, lo hacías; ahora requiere una preparación mucho más exhaustiva. Una buena agenda de contactos de canguros de confianza es un bien muy preciado; ser camello de canguros es básico. Gracias a ella, podrá entrar algo de aire en tu vida de pareja y sacarás más partido a tu vida diaria. Mima a tus canguros, trátalos bien, no racanees, dales lo que pidan y trata de que enseguida se sientan como en casa.

Cosas que debes saber para entender el maravilloso mundo de los canguros:

32. Cálculos y estadística sobre la ecuación salir + *babysitter*

Pongamos que quieres ir a cenar, preparar una velada romántica para celebrar algún acontecimiento o simplemente para cultivar tu vida en pareja, un ejercicio muy importante que no debemos dejar de hacer nunca. Calculemos el coste medio:

⇨ 70 € de cena por un restaurante al que te irías a cenar un día especial, teniendo en cuenta que desde que sois padres tampoco salís demasiado.

⇨ Si el local no está cerca de casa y no quieres sacar el coche, lo mejor es coger un taxi o Cabify o similar. La hora de regreso cuando tienes niños se convierte en algo así como el cuento de la Cenicienta. La hora pactada con el canguro va a misa y si no llegas quizás le tengas que pagar el taxi, o le tocará coger un autobús nocturno, que no es plan. A los canguros hay que cuidarlos, mimarlos, darles facilidades siempre, porque no se sabe cuándo los vas a necesitar y un canguro de confianza es el bien más preciado del mundo. Total, que entre pitos y flautas te gastas otros 20 € en transporte.

⇨ Si calculas tu salida minuciosamente, midiendo los tiempos y llevando un ritmo galopante, habrán pasado un mínimo de cuatro horas, esto es, 40 €.

Total, que la cena romántica te ha salido por un pico, exactamente 130 €. Eso sí, nada de copas, ni quedar con amigos: una cena a secas.

Otras opciones que encarecen la ecuación:

- ☀ Ir a un cumpleaños: debes sumar el regalo.
- ☀ Ir a un concierto: debes sumar las entradas, la cervecita de turno y demás vicios.
- ☀ Ir al cine: debes sumar las entradas, que cuestan más o menos lo mismo que un concierto, y el *pack* familiar de palomitas y Coca-Cola.
- ☀ Salir de marcha: debes sumar lo que ingieras y tomes. Si vas a salir toda la noche a lo bestia, pacta un precio. Recuerda, tus hijos no entienden de resacas ni de horas de llegada, así que si escoges esta opción muy probablemente te querrás matar: habrás pagado una fortuna, tendrás una resaca del copón y estarás en pie a las ocho de la mañana; te espera un día infernal.

Obviamente, hay formas de reducir estos presupuestos salvajes pero el tiempo que hace que no sales nublará tu juicio; ser todo el rato consciente de la hora de regreso te hará querer exprimir los minutos como si fueran gotas de agua en un desierto.

33. Tu canguro se entera de todo y lo sabes

La hora de regreso es más dramática que en el cuento de la Cenicienta y te lleva a situaciones de lo más rocambolescas: cuando exprimes la noche intensamente y bebes con ansia es normal que llegues a casa medio ciego. Debes saber que llegar a casa y disimular tu ciego delante de la canguro, como si fueras un adolescente delante de sus padres, es lamentable. Las canguros siempre se enteran de todo: saben que balbuceas y que has bebido como un cosaco. Las canguros y los canguros tienen quince o veinte años menos que tú y todavía están en edad de salir, no como tú. Saben lo que es tratar de disimular su estado de embriaguez, se enteran perfectamente de tu melopea y de tu hablar gangoso y perciben tu olor a noche. Pese a lo patética que pueda resultar la situación, debes tratar de disimular en todo momento. Procura hablar lo justo y necesario, sonríe, prepara el dinero antes de entrar por la puerta y haz que el trámite de saludar, preguntar qué tal los niños y despedirse sea lo más rápido posible.

34. Exprime el tiempo

Al extremo aprovechamiento del momento de ocio, nuestra familia argentina lo llama #FumoChupaBailo y básicamente consiste en aprovechar tus salidas nocturnas hasta el límite. Sin aliento, a lo bestia. Este fantástico concepto que nosotros hemos aplicado durante años sin saber que estaba inventado lo definió la grandiosa actriz argentina Julieta Otero en uno de sus apoteósicos vídeos sobre maternidad, de la serie *Según Roxi*.[16] Habla de sí misma entrando en una especie de trance liberador cuando coloca a los niños y sale de marcha. Se emborracha con la primera cerveza, baila como una posesa el primer *hit* que ponen, fuma aunque no se pueda o roba caladas a sus amigos fumadores, habla a gritos de sexo y de los gremlins de sus hijos y obviamente se sube a los altavoces a la primera de cambio. También es la primera en salir a cantar en el karaoke un *hit* desactualizado o en plantarle un billete a un *stripper* en su apretado tanga.

Cualquiera que tenga hijos sabrá que, efectivamente, hay un momento de innegable liberación y culpa cuando cruzamos el umbral de la puerta de casa y dejamos a los niños dentro. Nuestro consejo también es exprimir el tiempo. Piensa en el cuento de la Cenicienta. Ella aprovechó y exprimió su noche para acudir a la cita y marcarse un baileteo con el príncipe en tiempo récord. Ella fue la primera en aplicar el concepto #FumaChupaBailo.

Aunque es una incógnita si fumó o chupó ese día, lo que está claro es que exprimió el presente y la jugada le salió redonda. Así que la próxima vez que decidas romper tu rutina y salir por ahí, acuérdate de la Cenicienta y sobre todo del #FumaChupaBailo, y quema la noche. Además, es un subidón máximo llegar a las doce a

16. <https://www.segunroxi.tv>.

casa con la sensación de haber salido como antes, poder enchufarte a tu serie favorita y despertarte sin una de esas resacas de caballo.

35. Cuando tu canguro te cancela

Una de las noticias más devastadoras y dramáticas para los padres es la llamada de tu canguro de confianza para comunicarte que, aunque ya estaba acordado y había un contrato verbal, sintiéndolo mucho, no va a poder ser. No va a poder venir a cuidar a tus hijos, darte paz y permitirte ser libre por unas horas. Si te has visto en una de estas alguna vez, sabrás que pasar por esto es un bajón. De repente te invade una sensación de impotencia sin parangón. Alguna vez nos hemos visto en esta situación y hemos tratado de convencer a la canguro con ruegos hiperpatéticos que reproducimos aquí para que tú no te humilles como hemos hecho nosotros:

—¿Tienes alguna amiga?

—¿Como de contagioso es eso que dices que tienes?

—¿Puedes hacer de canguro con máscara?

—Te pagaré al doble. ¿El triple?

—En el futuro necesitarás un favor y nadie te lo va a hacer y vendrás rogándome.

—Puedes traer a tu novio, tenemos wifi, incluso podéis usar nuestra cama.

—Te pago un Cabify, un Uber, un taxi, ¿qué transporte te gusta más?

36. ¿Y si cogemos a un chico o una chica *au pair*?

Hay un momento de tu vida en el que te planteas adoptar a un hijo mayor extranjero para que conviva contigo, cuide de tus hijos y de paso les enseñe algún idioma. Nosotros lo hemos hecho tres veces. En dos ocasiones ha sido una experiencia brutal y la tercera casi llamamos a la policía. Si te seduce la idea de tener hijos políglotas, puedes acudir a una de las páginas que ofrecen estos servicios. Rellenas una ficha familiar muy curiosa y puedes ver los miles de opciones de chicos y chicas de todas las partes del mundo que se ofrecen para convivir contigo. Contactas, te aceptan y tienes un par de charlas por Skype para conocer un poco mejor a los candidatos a *au pair*. La noción de *au pair* viene del francés y significa «a la par»; es decir, hay un intercambio: a cambio de cuidar a tus hijos, el *au pair* recibe una paga y se convierte en un miembro más de tu familia. Negocias una serie de horas y *voilà*, intercambio cultural al canto. Un verdadero *win-win* desde todos los puntos de vista. En nuestro caso, una nos salió rana. Pese a tener un pintón en nuestras charlas por Skype, recibimos a una chica adicta a las pastillas que en el minuto uno del partido tuvo un ataque de pánico y tuvimos que abortar la misión ya en territorio español. Pese a esta accidentada experiencia, desde estas humildes páginas recomendamos su uso, funcionan y nuestros vástagos, pese a ir a un colegio público bilingüe, acabaron hablando inglés como unos pequeños *sirs*. Por cierto, todavía tenemos contacto con las dos chicas que vinieron y siguen siendo maravillosas.

Parte 8

Una nueva concepción del colegio y la guardería

Cuando realmente te das cuenta de que tu vida
ha cambiado para siempre: la guardería. Las plagas
de piojos y todos esos virus de los que te harás experto.
Cuando descubres que el nombre de tu hijo o hija es
más importante que el tuyo. La jodienda de elegir
colegio. El preciso momento en el que te sometes a
la esclavitud del WhatsApp. Técnicas para recuperar
tu libertad. Las soporíferas reuniones escolares.
Las trifulcas por el regalo de la profesora y una
oda más que necesaria a los abuelos.

Cuando entras de lleno en el mundo guarderías, se abre ante ti un auténtico abanico de nuevas aventuras y situaciones la mar de cómicas y entretenidas. Te esperan unos años locos plagados de enfermedades, nuevos conocidos y amigos, infinidad de grupos de WhatsApp, nuevos vocablos, mítines, padres y madres a los que identificarás como «el padre o la madre de», sin llegar nunca a aprenderte su nombre, y situaciones que te darán mucha vidilla en tu seno familiar. Bienvenidos a una nueva fuente de estrés.

37. La elección de guardería y/o colegio

La elección del colegio es uno de los momentos más estresantes a los que se tienen que enfrentar los padres. Hay tanta presión por que los niños tengan determinadas destrezas que la elección de la escuela se convierte en algo totalmente decisivo en sus vidas. Mucha gente incluso se muda, cambia de barrio y de amigos. Supeditan su vida a que su hijo vaya a un determinado centro de enseñanza.

En España tenemos la suerte de contar con un servicio de educación pública provisto por el Estado que funciona bastante bien. Sin embargo, muchos padres prefieren apostar por la educación privada o concertada. Las razones son numerosas y variadas, entre las que podemos encontrar: por capacitar a sus hijos con otros conocimientos que no ofrece la escuela pública, por motivos religiosos o para que, como ya hemos sugerido, se relacionen con determinado círculo social.

En España, los programas educativos están obsoletos. Tienen temarios muy extensos que no permiten profundizar y los niños y profesores llegan agotados al final de curso. Consideramos importante ejercer presión con respecto al cambio de los contenidos educativos, la necesidad de contar con más presupuesto para la educación y la adaptación de la escuela a la época en la que vivimos. Es algo que debemos promover colectivamente y no como actores individuales. Es decir, si todos nos inclinamos por la escuela pública, podremos ejercer más presión social para mejorar el sistema educativo.

A la hora de hablar de educación, ya sea en la prensa, en los programas de televisión o en las conversaciones entre un grupo de padres amigos, no suele faltar la cita referente a los buenos resultados del sistema educativo en Finlandia o Estonia. En ambos casos, independientemente de las características de cada modelo y de los debates que estos generan, parece evidente que la educación pública es valorada por la sociedad y que hay un pacto social para que esta sea universal, gratuita, inclusiva y diversa.

Llegado el momento de escoger colegio, los padres a veces estamos un poco perdidos e inseguros a la hora de tomar una decisión. Algunos llevamos a cabo arduas investigaciones y vamos a todas las jornadas de puertas abiertas que nuestro tiempo nos permite. Otros nos fiamos de nuestros amigos, conocidos o de la tradición familiar.

Hay una cosa que nosotros recomendamos: en la medida de lo posible, el centro educativo tiene que estar cerca de tu casa. Ponte en el lugar de los niños: ¿tú prefieres trabajar cerca de tu casa o comerte una hora de ida y otra de vuelta de ruta todos los días? Las rutas son un coñazo y, si les puedes ahorrar esa hora sentados en un autobús, esa es una hora que ganan de juego. Y si no se pueden saltar la ruta tampoco pasa nada; no es el fin del mundo.

El cole cerca de tu casa tiene muchas ventajas: si no llegas a la salida, tienes a algún padre vecino que te los recoja; los cumpleaños son cerca; el parque está siempre lleno de sus amigos y, cuando ya tienen edad suficiente, pueden ir y venir solos con su pandilla del cole, que es la misma del barrio.

Por último, queremos apuntar que nosotros estamos muy contentos con la elección del colegio público. Además de unos profesores entregados y unos amigos de nuestros hijos que son la mar de majos, tenemos un grupo de padres estupendo que se encarga de múltiples tareas, como por ejemplo fiscalizar el menú del colegio, organizar las jornadas culturales o implementar algunas actividades optativas maravillosas: violín, coro, *skate*, telas aéreas y más.

Si tú has elegido un cole privado porque «te resuelva la vida», no te juzgamos; al final del día cada uno hace lo que piensa que es mejor para sus hijos. Pero, sea cual sea tu elección, todos deberíamos estar de acuerdo en que el acceso a una educación pública y gratuita tiene que ser una de nuestras mayores preocupaciones como ciudadanos del mundo.

38. Cosas que debes saber cuando llegues a la guardería

a) Nadie sabrá tu nombre, ni tú los suyos

Uno de los primeros efectos de la guardería es que perderás tu identidad de inmediato. Para gran parte de tus nuevas relaciones personales, pasarás a ser el padre o la madre de «poned aquí el nombre de vuestro hijo». No pasa nada, te acostumbras enseguida y en el fondo se agradece no tener que añadir más datos a tu poblada mente.

b) Pillarán todos los virus conocidos y por conocer

No hay un porcentaje oficial pero el primer año tu hijo pisará la guardería lo justo. No te asustes, pero se pillará todo tipo de enfermedades y tu vida se convertirá en una complicada *gymkhana* en la que pedirás favores, extorsionarás a tus allegados y rogarás a propios y extraños para colocar a tu hijo y poder seguir con tu vida. La razón para este desajuste es bien simple: de golpe y porrazo, tu hijo pasará de comer cosas en biberones, *tuppers* y demás utensilios esterilizados a recibir impactos y esputos de estornudos de sus compañeros, meterse cualquier cosa que caiga al suelo en la boca y convivir con compañeritos plagados de mocos. ¿Te acuerdas del clásico niño mocoso de la clase? Ese que, fuera verano o invierno, vivía con dos hilos de mocos perfectamente alineados en su naricita. Pues en cualquier clase de cualquier guardería siempre hay uno de esos. Y tu hijo o hija juega con él y, bueno, algo le toca.

A veces nos enfrentamos a algunas situaciones delicadas y nos hacemos preguntas: ¿qué hacer cuando tu hijo tiene mocos o una tos de esas secas con eco? ¿Lo dejamos en casa? ¿Y si no hay nadie en casa? ¿Y si los dos trabajamos y no hay forma humana de colocarlo? Te asaltarán mil dudas y remordimientos y pensarás en que eres un mal padre, pero al final lo dejarás en la guardería para que comparta virus alegremente con sus compañeritos.

c) Piojos

Sentimos mucho esto que pasamos a narrar, pero, aparte de nuevos padres y potenciales amigos, en el paso de tus hijos a la guardería conocerás una nueva especie animal que te acompañará durante años. Son unos seres pequeños, molestos y feos que se alimentan de la sangre del cráneo de tus hijos y se llaman piojos. Hay muchos y, por muy higiénica que sea tu guardería o colegio, ellos estarán siempre presentes. Con los años te convertirás en un auténtico ninja de los piojos, conocerás todos los remedios para eliminarlos, lucharás contra ellos con maestría y todo ese asco que te daban al principio desaparecerá de tu conciencia de un plumazo. Te sorprenderás a ti mismo no solo quitando estos piojos de las melenas de los tuyos, sino acabando con ellos, explotándolos con las uñas y viendo saltar su sangre sin el más mínimo atisbo de repugnancia. En tu rutina fijarás días de desparasitación como si de una plaga medieval se tratara, tu baño se llenará de remedios agresivos para aniquilarlos y de peines con formas cachondas que manejarás con la maestría de un cirujano plástico. Mientras escribimos esto nos pica la cabeza. Ese es otro de los síntomas, cuando oigas la palabra piojo te picará automáticamente la cabeza, no sabemos por qué pero pasa. Bienvenido al mundo de los piojos.

¿Qué hacer con esta imparable plaga de piojos?

Nada, joderte. Bueno, sí puedes hacer algo y es tener presente en todo momento la importancia de la higiene extrema, siendo consciente de que, hagas lo que hagas, habrá una familia que no haga nada al respecto y esas cabezas tarde o temprano infectarán las de tus vástagos. Los piojos son duros, no tienen piedad y llegan a ti siempre. Acabarás apoyando la leyenda urbana que sostiene que existen empresas malignas que se dedican a la desparasitación y que tienen comandos y ejércitos de personas que por las noches sueltan sacos de piojos dentro de las guarderías y colegios para que sus productos sean imprescindibles en el día a día.

Después de diez años de lucha armada contra estos seres del infierno, tenemos unos cuantos consejos para que vuestra lucha sea la nuestra y tratemos de alejar de nuestras vidas esta plaga moderna.

Utiliza los adelantos de la ciencia

No te niegues a acudir a la farmacia y hazte con un veneno para estos cabrones. No te creas que los remedios de la abuela van a funcionar. No funcionan. Ni la pomada hecha a base de mayonesa y vinagre, ni el aceite de oliva ni el ajo, ni el eucalipto, ni el vinagre de manzana te salvarán de la plaga. Corre a la farmacia y pregúntale cuál es el *greatest hit* contra los piojos de la temporada y aplícalo cuidadosamente. Ojo, en los últimos veinte años estos seres han desarrollado una resistencia admirable a casi todos los fármacos de primera línea del mercado, sobre todo los compuestos por permetrinas y piretrinas. Son duros; escoge la mejor arma. Lo más tremendo de todo esto es que toda esta resistencia ejemplar se debe al poder de mutación de este maldito bicho. Los piojos, como los Power Rangers, tienen el poder de mutar, una cualidad de ciencia ficción que poseen muchos insectos.

Abusa del árbol de té

El árbol de té es una planta con un gran poder antibiótico y antiséptico que tiene un olor fortísimo. Una vez termines tu jornada de desparasitación, te recomendamos untar con ella las cabezas de los tuyos para invitar a estas bestias mutantes a elegir otra cabeza antes de asaltar la de tu hijo. Este remedio previene, no soluciona. Pero algo es algo.

Jornadas de desparasitación

En cuanto encuentres uno de estos tipos en la cabeza de alguno de tus familiares, debes poner en marcha el protocolo de urgencia. Organiza una jornada de desparasitación, pon todas las sábanas y fundas de almohadas a lavar y enchúfale el tratamiento tanto a los que ya los tienen como a los que crees que todavía no. Es la única manera de pararlos. Los piojos se tiran al váter, no los ahogues en el desagüe porque no se ahogan y trepan por las cañerías. Aunque lo parezca, esto no es una narración de una película de terror de serie B, es la realidad: estas cosas nos han pasado.

Si todo esto te supera y te da un asco imposible, existen unas peluquerías frikísimas especializadas en el exterminio de piojos. Su técnica es alucinante, con unos pequeños aspiradores absorben a estas criaturas y, por el coste que tendría irte a cenar a un restaurante de lujo, tienes a tu hijo desparasitado por un rato.

d) Otras criaturas y enfermedades exóticas

La enfermedad de «mano-boca-pie»

La primera vez que uno de nuestros hijos pilló esto, casi nos ponemos a llorar. De la noche a la mañana, nuestra hija amaneció como un mapamundi. Su cuerpo se llenó de unos manchurrones espantosos en los pies, manos y boca. Corrimos al hospital en pijama y sin lavarnos la cara y nos diagnosticaron este clásico infantil: la enfermedad de «mano-boca-pie». No existe un tratamiento contra este abusón virus. Se propaga por el contacto o por el aire y llena a tu pequeño de puntitos y úlceras nada estéticas que desaparecen por sí solas en diez días, dejando atrás una ristra de fiebre, malestar y picores insoportables. Te toca esperar, ingeniártelas para que pase diez días en casa y mantener al niño limpio e hidratado.

Las itis

Controlarás todas las enfermedades terminadas en *-itis*, te las sabrás de memoria y con el tiempo sabrás tratar una conjuntivitis, controlar una gastroenteritis, amortiguar una faringitis y, en general, derrotar todas las demás itis.

Los otros gusanitos

Cuando tus padres te decían que te lavaras las manos lo decían por algo. Hay otro animal no tan común como los piojos que supone una pesadilla para los padres: las lombrices intestinales. Son enanas, miden lo que mide una grapa de grapadora pequeña y sus huevitos entran en el cuerpo de los niños a través de la boca, atraviesan el sistema digestivo y se apalancan en el culo. Es habitual verlos en las heces de tus hijos. El primer impacto al verlos es aterrador. La primera vez que vimos uno gritamos y despertamos a todos los niños. Como si de una película de Cronenberg se tratara, un pequeño gusanito salió del ojete de un familiar a saludar. Si te pasa esto, no te alarmes, es normal. El médico te dará un jarabito y en menos de lo que canta un gallo estos aliens vomitivos abandonarán el cuerpo de tu pequeña criatura.

En otra ocasión, un familiar grabó al parásito en movimiento y le mandó el vídeo a su mujer. El archivo tenía tal definición que parecía la larva gigante que escupe Will en *Stranger Things*. La madre se puso a llorar, llamó a su pediatra a las diez de la noche de un sábado y, al llegar a casa y ver las minúsculas dimensiones del bi-

111

cho, casi mata al marido. Lo dicho, no te alarmes y sobre todo, no grabes a estos bichos ni los mandes por WhatsApp.

39. La sobredosis de extraescolares

Cuando éramos pequeños salíamos del cole, merendábamos y nos íbamos a la plaza. Si llovía, nos quedábamos jugando en casa con nuestros hermanos, con un amiguito o solos, construyendo castillos imaginarios.

No queremos caer en la idealización del «todo tiempo pasado fue mejor» porque también es verdad que muchos hemos sido criados por la televisión y, mira, tampoco nos fue tan mal. La verdad es que en nuestra infancia teníamos tiempo. Tiempo para jugar, tiempo para aburrirnos, tiempo para no hacer nada. Hoy en día, las extraescolares son un mal necesario y han surgido como una ayuda a las familias para adaptar la jornada a las exigencias laborales.

Sin embargo, en la última década las extraescolares han pasado de ser un mal necesario a una necesidad. Hay una exigencia para que los niños sepan mucho más de lo que nos pedían a nosotros a su misma edad. Tiene que saber idiomas, deportes y tocar un instrumento como mínimo. No se trata de aficiones puntuales; lo sentimos, pero dudamos mucho que un niño de tres años pida a gritos asistir a una clase de robótica, sonotrónica o yoga. Aparte de la necesidad de conciliar la vida profesional con la educación de los niños, vemos muchos factores que colaboran a esta proliferación de niños estresados, padres intentando cuadrar horarios imposibles de actividades y madres corriendo como locas de una a otra actividad.

Hay una especie de necesidad autoimpuesta de dotar a los niños de un montón de capacidades, que, por otro lado, sus padres no tienen. Vivimos en un momento hipercompetitivo y, sin quererlo, intentamos que los niños estén por delante de los de su clase a la hora de adquirir conocimiento y habilidades. Hay una especie de carrera que no lleva a ningún lado, por la que los niños todo el tiempo tienen actividades dirigidas bajo la lupa del adulto.

En los adultos también existe una creencia que, de forma tácita, parece considerar la hiperocupación como síntoma de éxito. No debe asombrarnos, pues, que esa misma dinámica y presión se la estemos trasladando a los niños. Hoy por hoy, te puedes encontrar con algún amigo y el típico cruce de palabras es así:

—¿Cómo estás?

—A tope, ¿y tú?

—También, no doy abasto.

—Yo voy como loca de un lado a otro... no llego.

Parece que, si no estás en actitud de «ejecutivo agresivo», eres un pringado. Tienes que ser una persona ocupada para tener éxito. Existe un culto al «estar ocupado» al que se le llama *ociofobia* y que es una especie de miedo a no tener nada que hacer.

Por otro lado, a veces recurrimos a las extraescolares porque realmente no sabemos qué hacer con los niños. Una amiga nos comentaba lo siguiente: «Si los recojo a las cuatro del cole, ¿qué hago con ellos hasta las ocho y media?». Como ya hemos comentado en este libro, nos aterra la posibilidad de que se aburran cuando lo más importante que pueden hacer es aburrirse y aprender a jugar de forma más o menos autónoma. Nosotros somos de la opinión de que el niño por la tarde tiene que desconectar; tiene que descansar física y mentalmente.

La oferta de extraescolares es cada vez más exagerada y más loca. Es casi imposible invitar a merendar de forma espontánea a algún amiguito o quedarse jugando a la salida del cole en la plaza. Todos tienen miles de extraescolares. Ese tipo de actividades requieren que los padres cuadren calendarios y se comuniquen mucho por WhatsApp.

Quienes aquí os escribimos también hemos caído en esta trampa hasta que nos hemos dado cuenta de una cosa: es bueno que los niños se aburran. No solo lo decimos nosotros, que no tenemos ninguna autoridad para decir nada; hay cientos de estudios, tratados y libros que apoyan esta idea.

Los niños que se aburren son más creativos, más autónomos y más autosuficientes. Que sí, está bien que vayan a fútbol o a música, pero todo en su justa medida, que no sabemos cuál es pero sabemos cuál no es: la de padres helicóptero, hiperexigentes y estresados y la de los niños que no tienen tiempo para jugar ni para ser niños.

40. Los grupos de WhatsApp

Cuando tienes un niño, nadie te avisa de los millones de grupos de WhatsApp en los que, quieras o no quieras, vas a ser incluido.

Nadie te avisa de que parte de tu valioso tiempo va a ser invertido en esta intensa herramienta, escribiendo, leyendo o contestando mensajes a otros padres del cole. Pero, sobre todo, nadie te avisa del uso inapropiado que muchos padres hacen de estos grupos. Lo primero que debes hacer es asumirlo; es una realidad de la que no podrás escapar y además estos grupos son útiles y evitan los clásicos corrillos en la puerta del cole, que siempre dan más pereza y ocupan más tiempo. Durante toda la vida escolar de tus hijos, vas a tener que compartir un espacio virtual con un montón de padres y madres con los que tu único *link* es que mandáis a los niños al mismo colegio. Puede incluso que termine el curso sin que os veáis las caras. Un grupo de WhatsApp puede ser peligroso cuando está formado por gente que duerme poco, con ocio limitado y pequeños monstruitos a su cargo. Los grupos de WhatsApp son como la familia; no los eliges, te vienen dados.

Se multiplican, como los gremlins

Así, como quien no quiere la cosa, estos grupos se irán multiplicando: el grupo de la clase, el del AMPA, el de las extraescolares o el de los cumpleaños puntuales que luego resisten como las cucarachas y mutan en otras temáticas. Tenemos demasiados grupos de WhatsApp, desde luego más de los que necesitamos. Si por lo que sea se te ha ido la olla como a nosotros en esto de la paternidad, verás multiplicada tu realidad *whatsappera* por el número de hijos. En nuestro caso, la media de grupos activos es de cuatro por niño, una responsabilidad con la que es muy difícil de lidiar.

En los grupos de WhatsApp pasa de todo, muchos se incendian con facilidad y son una fuente inagotable de anécdotas. Desde auténticas batallas que terminan con padres que se independizan al más puro estilo catalán porque no se sienten identificados con el regalo de fin de curso de la profe, hasta gente desubicada que confunde el grupo con un espacio al que enviar todo tipo de *spam* al más puro estilo Vox. Dicho esto, hay ciertos patrones de comportamiento que se repiten en los grupos de WhatsApp de padres. Pasemos a verlos:

Las temáticas más absurdas de los grupos de WhatsApp

✓ En busca de la chaqueta perdida

Cuando algo se pierde y se pregunta en WhatsApp por ello, siempre se cumple el mismo patrón acción-reacción:

a) Se anuncia la pérdida y se formula una pregunta.
b) Al menos diez padres contestan que no saben de su paradero. Caen los primeros emoticonos de caras tristes. Al menos veinte personas contestan sin dar pistas del paradero de la chaqueta, pero dejan claro que no la han visto.
c) Pasa un tiempo y se anuncia su recuperación.
d) Comienza una lluvia de vítores, parabienes y *smilies*.

Este patrón se repite un par de veces por mes y el comportamiento de los padres siempre es el mismo. No falla. No cambia.

✓ El regalo de la profe

Ponerse de acuerdo por WhatsApp sobre qué regalar a la profesora es uno de los espectáculos más entretenidos que puede vivir un ser humano. Cuando llegue este momento a tu vida, prepárate para una lluvia tropical de comentarios y un chaparrón de propuestas e innumerables *beefs* entre padres. Están los que toman la iniciativa, se ofrecen a recoger fondos y comprar el regalo y luego están esos a los que nada les parece bien. Somos fans de ambos, pero sobre todo de estos últimos, los ofendidos, gente ofuscada que muestra su descontento como si fuera un tema de suma importancia, y que habitualmente pierde los papeles y los nervios de forma muy patética a la par que graciosa. Gente capaz de boicotear cualquier comentario, de destaparse como muy maleducada a la mínima y de abandonar el grupo ultraofendida y sin contemplaciones (recordemos, ¡por no estar de acuerdo con qué se le regala a la profesora!). Cuando empiezan el debate y las votaciones, nos dan ganas de decirles: «Pero mami de (insertar aquí el nombre del alumno), si todos sabemos que al final le vamos a regalar una caja de experiencias y una planta además de la tarjeta firmada por todos y todas». Seamos ecológicos con el tiempo de todos, que seguro que el planeta lo va a agradecer.

✓ La incógnita de los deberes

Da igual el tipo de colegio al que lleves a tu hijo, el profesorado que tenga o lo espabilado que sea tu churumbel. Pase lo que pase, tu hijo tendrá deberes y exámenes y nunca sabrá para cuándo son ni la materia exacta en cuestión. La única solución para resolver esta estresante situación que se repite semanalmente es acudir al correspondiente grupo de WhatsApp, donde siempre encontrarás a algún progenitor dispuesto a aclararte la vida y a enviarte puntualmente la información sobre los deberes. De paso, eximimos a nuestros hijos de una responsabilidad más: enterarse de algo tan básico como cuándo tienen un examen o las tareas del día siguiente. Ahora también seremos los secretarios personales de nuestros pequeños condes. Niños cada vez más instalados en la comodidad y alejados, de nuevo, de la responsabilidad. Puedes convertirte en el secretario de tu hijo o, como proponía Noelia López-Cheda, negarte a ser su agenda.

✓ Alerta: ¡piojos!

Un buen día te llega la clásica nota en formato físico a casa: «Ponemos en vuestro conocimiento que hemos encontrado en las clases infestación de parásitos (piojos). Os pedimos encarecidamente que esméreis el control higiénico de vuestros hijos». En casa empieza el clásico proceso de desinfección y obviamente alguien saca el tema en el WhatsApp. Entonces comienza una lluvia de emoticonos cabreados, padres que excusan a los suyos, otros que levantan la mano y todo tipo de muestras de desesperación en todos los lenguajes que soporta el móvil.

Claves para disfrutar de los grupos de WhatsApp y perderles el miedo

Silenciarlos. WhatsApp te ofrece la posibilidad de silenciar los grupos. Nuestra recomendación es hacerlo por un año. No somos malas personas, lo hacemos para evitar un aluvión de notificaciones que ni Dulceida con sus millones de seguidores.

Actitud zen. Evita que trasciendan tus ideas políticas, gustos personales y demás filias. En este grupo eres *el padre o la madre de,* y así debe quedar. No entres al trapo ni saltes cuando alguien diga una burrada o suelte un comentario que dé vergüenza ajena o rabia. Cualquier desliz puede convertirse en una polémica desmedida y hay que evitarlo a toda costa.

Reglas no escritas:

- ✓ No escribir entre las diez de la noche y las ocho y media de la mañana.
- ✓ No calumniar, ni siquiera a profesores, y menos a otros alumnos.
- ✓ Evitar escribir cuando uno está alterado (léase nervioso, ciego o con ansiedad).
- ✓ No abusar de emoticonos, no mandar memes y/o gifs.
- ✓ No juzgar a quien abandone un grupo ni al que no da señales de vida. No se es peor padre por mostrarse ausente.
- ✓ No enviar ochenta fotos del cumpleaños de tu hijo al resto de los padres, porque colapsan nuestros móviles. Con cinco o seis nos hacemos a la idea.

IMPORTANT: cuando intuyas que un grupo de WhatsApp del colegio se ha convertido en un barco de colegas, huye a toda velocidad. Hay gente que todavía no entiende que su vida privada, sus chistes y su *spam* no nos interesan.

41. Las reuniones de padres

Hay gente que confunde los grupos de autoayuda con las reuniones de padres. Para esas personas, nuestra solidaridad absoluta. Siempre que su mirada se cruce con la nuestra, encontrará apoyo. Pero, malentendidos aparte, las reuniones de padres del colegio son duras, densas y muy largas.

Lo que debería ser una reunión informativa muchas veces se torna en una especie de terapia colectiva, donde padres y madres cuentan lo que hacen sus hijos en casa sin que tenga que ver con nada de la clase y, lo que es peor, sin que nadie les pregunte. Para eso están las tutorías personalizadas, en las que puedes quemarle la cabeza a la profesora de turno y contarle todos los detalles de tu santo hijo.

Nosotros vamos para enterarnos de sus exámenes, de las excursiones, del calendario lectivo y festivo, pero hay madres y padres allí con una cara de pena que dan ganas de ir corriendo a darles un abrazo.

En las reuniones colectivas, los padres deberíamos tener prohibido hablar hasta el final y solo hacer uso de la palabra para formular preguntas de interés general. Cualquier desliz personal debería ser causa de expulsión de la sala. ¿Suena radical, verdad? Eso es que no has asistido a una.

42. El regalo de la maestra y maestro y otras decisiones importantes

Esto viene a ser un punto de inflexión en el curso escolar. Nosotros hemos vivido encuestas, votaciones y auténticos enfados por una decisión aparentemente inocente como decidir el regalo que le hacen los niños a su profe.

Mira, te vamos a decir algo muy importante. Esa maestra se merece mucho más que una caja de experiencias o un curso de bonsáis. Esa maestra no necesita una carta firmada por todos los padres ni un libro con todas las fotos y garabatos de los niños. Claro que, si se le regala, se pondrá contenta y, joder, al cabo de treinta años de enseñanza podrá acumular un bosque de bonsáis en su piso y muchos dibujos y garabatos. Esa señora lo que de verdad necesita es una noche en un hotel de lujo, si puede ser con masaje incluido. Y si no alcanza para el hotel (y ni siquiera hemos mencionado un viaje al caribe, porque aquí nadie es rico), seguro que llega para un bono de masajes tailandeses. Y si no hay dinero para hotel ni para masajes, siempre se puede recurrir al CBD,[17] esto es, la marihuana medicinal, que lo agradecerá un montón y le vendrá genial para relajarse por la noche.

43. Categorización de madres y padres

La puerta del colegio te obliga a relacionarte con gente muy distinta, personas con las que nunca hubieras imaginado tener algo en común más allá de vivir en el mismo barrio. Cada colegio es un mundo, pero hay algunos estereotipos de madres que se repiten sin importar la ciudad ni la clase social.

17. El CBD es un componente del cannabis que tiene un beneficio medicinal significativo. Las investigaciones científicas y clínicas subrayan el potencial del CBD como un tratamiento eficaz para una amplia gama de patologías.

La *hippie*

Lleva zanahorias de *snack* y pan casero horneado en su casa. Mientras tus niños cada vez que te despistas se dan atracones de chuches, los suyos (que han nacido por parto natural debajo del agua) no comen azúcar y prefieren la leche de avena y las magdalenas integrales. Generalmente se trata de una madre progre, que cree ciegamente en la crianza natural, en los juguetes de madera, va a clase de yoga con su bebé, practica el colecho y va vestida como Amparanoia.

La adicta a las tendencias educativas

Lo sabe todo sobre las últimas y mejores fórmulas para educar a sus hijos. Si tú aún no tienes del todo claro de qué van las escuelas Waldorf o Montessori, ella ya está al tanto de los últimos avances en la materia en algún país nórdico o en Japón. Sus hijos han aprendido el abecedario con letras de madera, las matemáticas con un sudoku, la noción del tiempo con un reloj de arena y un montón de cosas que leyeron en blogs y libros de crianza que tú has pasado por alto. Son un estrés.

La *über* madre

La madre *über* está obsesionada con las actividades fuera del horario escolar. Va de la clase de música a la de inglés y de la de inglés a la de fútbol. Está cansada, pero le va la marcha. Tiene un sesgo un poco competitivo, su hijo debe estar por delante en la línea de salida, quién sabe de qué carrera. Tiene que estar preparado para lo que sea, saber idiomas, nadar, bailar, dibujar y a ser posible tener alguna otra dote artística desarrollada. Si tu hijo va a música porque quieres que cante y haga el loco un rato fuera de casa, su hijo va a clase de sonotrónica porque ella quiere activarle no se sabe bien qué hemisferio del cerebro para no se sabe qué cosa.

La activista

Están en contra de todo: el menú del comedor, las clases extraescolares y los libros de texto elegidos. Es la presidenta del AMPA o la que ha fundado un grupo separatista porque no está de acuerdo con la gestión de nada. El colegio es su foro y el primer paso hacia una posible carrera política. La queremos.

La organizadora

Organiza los grupos de WhatsApp, las recogidas de dinero, el regalo de los profesores, los *mailings*, las reuniones de los padres y todo lo que sea susceptible de ser organizado. La organizadora lleva su casa como un reloj suizo, tiene los menús semanales preparados, comida congelada en la nevera y los horarios de los niños se cumplen rigurosamente, incluyendo baños, cenas y lavado de dientes. Hay que decirlo, aunque esta madre es un poco estricta, nos da un poco de envidia.

La deportista

Mientras tú estás luchando contra ese par de kilos que aún te sobran del parto, ella tiene un cuerpo moldeado por el gimnasio, el pádel, la piscina y muchas horas de dedicación. La mamá deportista está todo el año morena y sueña con convertir a sus hijos en Rafas Nadales o Paus Gasoles. Tus excusas con ella no valen. Ella trabaja como tú, pero está despierta desde las seis de la mañana haciendo *running*. Cuando tú acuestas a los niños te agarras a Netflix como a un chupete electrónico, ella se pone en el ordenador clases de GAP (Glúteo Abdominales Piernas) de Tracy Anderson, la entrenadora de las Kardashian.

La mamá cotilla

Permítenos que nos explayemos un poco más en este espécimen tan particular. Siempre hay una madre cotilla que sabe todo lo que pasa en el cole, va todos los días a recoger a su hijo a la puerta y está en todas las reuniones y actos escolares. Esta clase de mamás son un mal necesario para las que podemos ir poco a la escuela. Sabe todos los nombres de los niños de la clase, manda un mail comunitario felicitando a la maestra por su cumpleaños (¿desde cuándo tiene uno que saber el día del cumple de la profe de jardín de cuatro años?) y tiene todos los teléfonos de los padres. La madre cotilla siempre se cuela en el colegio con múltiples excusas: buscar una chaqueta que se le ha perdido a su niño, entregar una nota a la profesora, preguntar algo en secretaría o cualquier otra artimaña con tal de poder pasar más tiempo en el recinto. Está al tanto de las últimas habladurías, te hace comentarios del tipo: «Martin es muy introvertido; Laura esta temporada se está soltando más; Javier siempre celebra los cumpleaños en una piscina de bolas porque es invierno; los niños están encantados con la maestra de extraescolar de jardinería... o ¿por qué no viniste al taller de pan artesanal?». Ella lo sabe todo y tú aún no te has aprendido los nombres de nadie.

Además, se queda en tu casa cuando celebras un cumpleaños y te acaba preguntando si la casa es comprada o de alquiler. El concepto «solo los niños están invitados» no parece aplicarse a ella. Es muy pesada pero una innegable fuente de información. Mamá cotilla, te estaremos vigilando.

La enrollada

Suele ser feminista y tener una profesión autónoma. Nunca les grita a sus hijos, estos la llaman por su nombre de pila (nunca mamá, siempre Elvira, por ejemplo), y por las noches toma un té relajante o se toma unas gotitas de CBD de tanto en tanto. Le parecen excesivas las tareas que las maestras ponen a sus hijos y organiza planes superguays los fines de semana. Hay dos tipos de madres enrolladas: la del cole público y la del cole privado de educación libre (Montessori, Waldorf o lo que toque ese año). No se diferencian en nada, excepto en lo que pagan de cuota en el colegio. Las dos creen que la creatividad es el motor de la realización de sus niños, quienes desde los cuatro años van a todo tipo de talleres estimulantes. Esta madre es inofensiva hasta que tu hijo se da cuenta de su existencia, momento en el cual empezará a usar la coletilla: «A Martín le dejan irse a la cama a las diez; Martin ya va solo al colegio...» y así hasta el infinito.

La *new normal*

La mayoría trabaja y no tiene tiempo para nada. Compró a los treinta el cuento de la conciliación y a los cuarenta se ha dado cuenta de que aún es una utopía. Ha ido a la marcha del 8 de marzo con sus amigas y les ha contado la movida de la igualdad de derechos a su marido y a sus compañeros de trabajo. La madre común es la que casi hace deporte pero al final sale tarde del trabajo, la que casi se lee un libro pero se queda dormida y la que casi pensó que podía ir a un restaurante con sus hijos pero se arrepintió en el mismo momento en que cruzaba el umbral de la puerta.

A las madres *new normal* les puede la normalidad y, aunque quieren hablar en lenguaje inclusivo, no les sale. Les llevan la mochila a sus hijos a la salida del colegio y no pueden evitar preguntar por los deberes por el grupo de WhatsApp. Aún no se sabe los nombres de sus amiguitos a la salida del cole y llega tarde a la reunión de padres. La madre *new normal* somos todas.

Ojo, papás, ¡para vosotros también tenemos! Junto con nuestro amigo Juan Vásquez, mexicano de nacimiento, español de adopción y padrino de nuestra hija, elaboramos esta tipología de padres:

El padre *perfect*

Para mí es un genio, pesado pero un genio. Un hombre capaz de acordarse de todo: nombres de profesoras del pasado, presente y futuro. Alumnos que están y que ya no están, tu profesión, cuándo tienen educación física o el lugar exacto donde han ido de excursión. En los grupos de WhatsApp se mueve como pez en el agua, hace chistes y etiqueta a otros padres. Cuando tu hijo no sabe qué deberes le han puesto, puedes escribirle y te contesta raudo y veloz con información precisa de las tareas y fecha de entrega. A veces lo amas y a veces quieres estrangularlo con todas tus fuerzas. Tanta energía a las ocho de la mañana te carga, y no es extraño verlo de lejos y fingir que alguien te llama al móvil para no aguantarlo, o entrar corriendo al cole esquivándolo descaradamente.

El padre invisible

Existe, pero nunca se le ve el pelo. Conoces a su mujer, pero siempre va sola y te da miedo preguntar por él, por si te responde con alguna historia triste o te da la chapa sobre su decisión de ser una madre soltera. No aparece ni en el colegio ni en las reuniones. De repente, un buen día lo conoces en un cumpleaños y resulta que es una persona normal, solo que invisible.

El padre 15M

Este es básicamente un *hippie* amable que se apunta junto con sus hijos a todas las manifestaciones y a cualquier actividad al aire libre. Propone cambios y sugerencias sin que importe si son buenas o malas para los demás. Organiza y no se corta a la hora de revolucionar el AMPA (Asociación de Madres y Padres de *nosequé*) y, por supuesto, te hace quedar fatal porque tú solo asistes a alguna que otra reunión informativa sin ganas de revolución. Los padres en el cole son muy necesarios, así que nosotros aplaudimos con ganas al padre revolucionario.

El padre desentendido

Este solo entra, deja en la puerta al niño, se da media vuelta y se va. El niño puede estar montando un berrinche monumental o estar feliz, que su padre, así como entra, sale como alma que se la lleva el diablo. A veces tiene pinta de ejecutivo agresivo, a veces es inmigrante y de verdad no se entera de la movida, pero en ambos casos parece como que la cosa no va con él.

El padre FILF (*Father I would Like to Fuck*)

Este es el padre buenorro, enrollado, que abunda más en las películas que en la vida real, pero de tanto en tanto hay alguno que se deja ver por el colegio.

> Aprovechamos para enviar un mensaje: padres, id más seguido a la salida de vuestros churumbeles, es divertidísimo.

El padre cuñado

Aquel que no lleva ni recoge ni ná de ná y al que, por supuesto, a final del curso sigues sin conocer. Especie que por los tiempos que corren está en grave peligro de extinción, pero sigue existiendo. Lo va a ver en las fiestas infantiles con una cerveza en la mano hablando de lo mucho que ama a sus hijos mientras su mujer corre desesperada a bajar al niño del árbol. Va a hablar de política, de inmigración y de los problemas del Brexit, de Vox, de la huelga de turno, de que si ni machismo ni feminismo... Consejo: ¡si ves a un padre cuñado, huye!

44. ¡Y no nos olvidemos de los abuelos!

No nos podemos olvidar de esas personas a las que tanto queremos y a quienes tanto agradecemos su ayuda y apoyo, y que nosotros echamos tanto en falta porque están lejos. Los que se equivocan de aula, se llevan el abrigo del compañerito y el carrito equivocado, cerrado, claro, porque no consiguen abrirlo...

¡Bendito sea el niño que tiene un abuelo entregado en la puerta de su cole! ¡¡¡Vivan los abuelos!!!

Según los expertos en crianza, los niños que crecen con sus abuelos tienen un mayor refuerzo emocional, mejores dinámicas afectivas y un puñado de recuerdos imborrables. Así que, si tienes a los abuelos vivos, no te sientas mal por dejar constantemente a tus hijos a su cuidado. El lazo innegable de abuelos-nietos es lógico:

- ✓ Los abuelos no imponen normas. Los abuelos miman y practican una crianza permisiva que permite a los niños casi cualquier capricho.
- ✓ No desean tener la autoridad de los padres, ¿para qué?
- ✓ Disfrutan del aquí y el ahora. Alejados de la presión, estrés y tensión de sus hijos, transmiten tranquilidad y armonía a sus nietos. Crean un vínculo de complicidad realmente envidiable.

✓ Refuerzan algo fundamental en los niños: los niños que son queridos, valorados y respetados son más felices y tienen la autoestima más alta.

✓ Están dispuestos a vengarse de todas las barbaridades que les hiciste cuando tú eras pequeño.

Todos estos ingredientes hacen que muchas veces los abuelos se conviertan en los héroes de la infancia de nuestros hijos.

Independientemente del innegable y amoroso lazo afectivo, muchas veces los abuelos son explotados por sus hijos en el cuidado de sus nietos. A nosotros nos dan mucha envidia nuestros amigos que tienen a mano a sus padres. Tenemos amigas cuyos padres son como un servicio a domicilio gratuito, abuelos que se quedan cuando salen sus hijos, llevan al pediatra a sus nietos y hasta los van a buscar al colegio. Según un estudio de la Sociedad Española de Geriatría y Gerontología,[18] los abuelos españoles dedican una media de seis horas al cuidado de sus nietos. ¿Cómo? Sí, los abuelos canguro están a la orden del día. Si tienes la suerte de que los abuelos te ayuden, siéntete afortunado y sobre todo no te quejes ni les recrimines el exceso de mimo y la sobredosis de caprichos.

18. <https://www.segg.es>.

Parte 9

Tu nueva vida social: la de tu hijo. Cumpleaños y parques

La chaladura de los cumpleaños que se celebran ahora. Los nostálgicos de los cumpleaños de antes. Ideas para organizar cumpleaños sin morir de un ataque de estrés. Tu nuevo centro de recreo: los parques. Categorización de los padres del parque y algunas ideas para que mejoren tus soporíferas tardes de parque.

45. Ma-ma-malditos cumpleaños

Técnicas de guerrilla para celebrar un cumpleaños y no morir de estrés o arruinado en el intento

Cuando eres padre, nadie te advierte que ese maravilloso ser que traes al mundo viene con una mochila cargada de cumpleaños infantiles, unas celebraciones que pueden convertirse en la pesadilla de cualquier madre o padre que no haya vivido la evolución de estos eventos en los últimos treinta años.

Cuando éramos pequeños, allá por los ochenta, se hacían fiestas de cumpleaños la mar de divertidas. Tus compañeros y amigos iban a tu casa, comían unos sándwiches de esos que en contacto con el aire se acartonaban de inmediato, se ponían hasta el ojete de ganchitos, zampaban gominolas como si no hubiera un mañana y a las ceremonias más elaboradas venía algún payaso al que nadie hacía ni puto caso, pero daba igual.

Organizar un cumpleaños era una cosa facilísima, o por lo menos eso parecía. Había casi una convención social sobre lo que estaba permitido dar de comer a los niños o sobre los juegos que se desarrollaban para afrontar la tarde de forma amena e indolora. Pues bien, el mundo de los cumpleaños ha enloquecido. Todo aquel anarquismo maravilloso ahora sería impensable. Sí, el maravilloso mundo de las celebraciones de cumpleaños ha mutado sobremanera. Porque que una cosa te quede clara: los cumpleaños son de los niños pero los organizan los padres. La culpa de todas esas ostentaciones, otra vez, es de los padres.

Un cumpleaños como los de nuestra niñez es un fósil, una *rara avis*, una cosa demasiado fácil.

Ahora los cumpleaños son un asunto complicadísimo, con niños llenos de alergias y padres con ideas sofisticadas sobre el juego, las relaciones personales y el ocio infantil. Las celebraciones se convierten en auténticos festivales capaces de arruinar el bolsillo de cualquier familia o de estresar a cualquier madre, por muy amante del *mindfulness* que anuncie ser en sus redes sociales.

Los cumpleaños son el terreno simbólico donde se exponen las convenciones sociales y donde la familia presenta a la sociedad su particular cosmovisión del mundo. Podría parecer que la intensidad de los cumpleaños funciona como una vara para medir qué tipo de padre eres, o la puntuación que obtienes según tu tipología.

Pasemos a ver algunas de las diferentes manifestaciones de locura paterna a la hora de celebrar los cumpleaños:

⇨ Si la familia es eco-adicta, tendremos un cumpleaños con limonada artesanal, pan de trigo sarraceno sin gluten y leche de avena elaborada con las propias manos de la dueña de casa porque sí, suelen ser ellas las que se encargan de estas labores domésticas.

⇨ Si los padres son del tipo Montessori, tendremos rituales varios (la celebración de la vida), juegos artesanales DIY y regalos de juguetes de madera comprados en una tienda carísima pero superrespetuosa con el medio ambiente.

⇨ Si la madre es una mujer con espíritu bloguero, celebrará una fiesta de pijamas estilo tipi (sí, hay empresas que van a tu casa y montan tiendas tipi en el cuarto o en el salón) y tendrá una animación contratada a golpe de tarjeta de crédito.

⇨ Si los padres se ponen de acuerdo para celebrar todos los cumpleaños de los niños de la clase que cumplen el mismo mes, probablemente terminarás celebrando el cumple en un parque con padres, niños, hermanos... o sea, casi un festival.

Aquí no queremos decir que un tipo de cumpleaños sea mejor o peor que el otro, pero ya el hecho de pensar en estas infinitas posibilidades nos parece agotador. Además, requiere de unas habilidades más dignas de un organizador de eventos profesional o un *wedding planner*.

46. Cómo deshacerte de esos padres que se quieren quedar durante todo el cumpleaños

Tal vez creas que es un buen momento para conocer a otros padres y socializar con ellos, pero te avisamos por adelantado: probablemente este no sea el mejor día. Si ya te estresa tener que preparar la merienda de tus hijos y sus amiguitos, organizar un piscolabis para los padres puede derivar en suicidio.

La mejor opción es que los padres lleven a sus niños al lugar de la celebración y no se queden como moscas cojoneras durante el tiempo que dure la fiesta.

Repite como un mantra: «Hay que dejar a los niños tranquilos, también en los cumpleaños». Los adultos pueden aprovechar estos momentos como el ocio gratis que son; momentos de libertad sin tener que pagar a ningún canguro o sobornar a ninguna abuela. Es verdad que, como ya hemos comentado, muchos padres eligen el colegio pensando en la nueva vida social que tendrán. Lo hacen pensando en los futuros amigos o incluso en hacer *networking* con otros padres de la clase. Es más, tenemos amigos cuyo aliciente para llevar a sus hijos al colegio ha sido que los hijos de un famoso asisten a esa institución.

No te culpamos, soñar con que Shakira te invite a su casa a merendar, o con que Messi te lleve a uno de sus asados familiares, es gratis.

Si eres uno de esos padres, ten en cuenta que no eres el único que ha tenido ese pensamiento y que, probablemente, el hijo de ese creativo publicitario todo tatuado o esa famosa devenida en madre *influencer* sea un auténtico gilipollas. Además, con el poco tiempo libre que tienes, tu único ocio probablemente pase a ser ir a los cumpleaños del cole. Tú sabrás si quieres pasar los próximos diez años de tu vida en un eterno festival infantil opinando sobre las animaciones o el catering.

Si no es ese tu objetivo, te recomendamos que seas claro en la invitación, ya sea física o por WhatsApp: «Podéis dejar a los niños a las 17h y recogerlos a las 19h, os regalamos dos horas de vuestra vida para hacer lo que queráis» o «La casa es pequeña, el corazón es grande. Pero la casa es pequeña para vosotros, padres».

47. La fiesta es para tu hijo, no es para ti

Este es otro mantra que tienes que repetir, porque nos olvidamos de que al fin y al cabo tu hijo lo que quiere es estar un rato con sus amiguitos y pasarlo bien. Y eso a veces implica simplemente estar en un espacio abierto con una pelota o ir a ver una peli y comer pizza todos juntos.

Nunca se le hubiera ocurrido contratar a una banda de músicos para hacer las canciones de Cantajuegos, ni celebrar su cumpleaños con un taller de robótica. A veces puedes hacer concesiones, claro está. Si tu pequeña es fanática del *slime* y estás dispuesta a que el salón de tu casa parezca un laboratorio de metanfetaminas, ¡adelante! Pero, puntualmente, tienes que dejar que los niños te pidan las cosas, o que al menos te las sugieran.

48. Los regalos

Tu hijo no necesita veinte regalos —uno por cada uno de los compañeritos de la clase— que, sumados a los de los tíos, primos y abuelos, pueden llegar a la escandalosa cifra de treinta. Sin duda, el momento más embarazoso de todos los cumpleaños es cuando el niño, que no te llega a la rodilla, empieza a abrir uno a uno de los regalos bajo la atenta mirada de padres, madres, compañeros de clase, tíos, primos y familia en general. Por suerte, cada vez es más común en los colegios hacer una hucha y comprar un regalo comunal. En el colegio de nuestros hijos está prohibido llevar golosinas ni galletas, así que se ha optado por hacer un regalo a la clase (un libro, por ejemplo) o llevar algún detalle para los compañeritos (una goma con forma de animal, o un lápiz con colores psicodélicos... sí, qué tristeza, con lo que nos gustaban las chuches de pequeños...).

Eso sí, ni se te ocurra enviar un número de cuenta para recolectar fondos para un regalo de una persona de cinco años. Tenemos que parar ya con esta locura o viviremos para ingresar dinero en cuentas de niños. Problemas del primer mundo.

49. Relax, don't do it

La mayoría de los padres no nos damos cuenta de hasta qué punto son demenciales los cumpleaños que les organizamos a nuestros hijos. No importa tu estrato social, antes o después habrás caído en una empresa faraónica de la que saldrás diciendo nunca más.

Nosotros mismos hemos montado cumpleaños comunales que parecían festivales de música o *pyjama parties*, y podrían habernos llevado al borde del divorcio. Estas son algunas de las reglas de oro para celebrar el cumpleaños de tu hijo y no morir en el intento:

- ☼ La idea es que esta celebración sea equilibrada y no una asfixia para toda la familia, tanto en el plano económico como en el emocional.
- ☼ Los niños no necesitan tantas cosas para ser felices. Piensa que es su cumpleaños y no una feria de *networking* ni el evento más esperado del año. No necesitan un festival al aire libre, ni a los patinadores del Circ du Soleil, ni una tarta

especial con su personaje favorito que te has pasado días buscando por todas las tiendas de tu ciudad.

- ☼ El cumpleaños no es un momento para hacer ostentación de lo buena madre que eres. A la mayoría de los adultos no nos interesa, lo único que pedimos es que los niños pasen un buen rato y, a ser posible, aprovechar esas dos o tres horas de ocio gratis que nos regala la vida.

- ☼ Un cumpleaños no puede ser el proyecto de tu vida durante meses; piensa que vas a tener que repetir esta celebración todos los años y, si pones el listón muy alto, en algún momento te será imposible cumplir con tus expectativas, a no ser que seas de la familia Kardashian, cosa que es imposible porque no estarías leyendo este libro.

- ☼ No invitar a los padres. Repite conmigo: no invitar a los padres.

- ☼ No existe el cumpleaños perfecto. En los cumples te encuentras con niños, padres, madres, abuelos, más padres, un poco de descontrol, llantos, algún pis inesperado y una madre desubicada que se ha olvidado de recoger a su hijo. Si tienes suerte, como mucho, te vas a poder beber una cerveza al final del día y respirar aliviado.

Siempre que el bolsillo te lo permita, contrata a un animador. Los animadores infantiles son buenas personas, gente con un trabajo vocacional que es capaz de entretener con sus juegos y técnicas a treinta niños a la vez sin pestañear.

50. Tu nueva discoteca: el parque

Se supone que cuando tienes hijos empiezas a disfrutar de otro tipo de ocio y, es más, te empiezan a gustar otro tipo de distracciones.

Hay quienes solo le ven ventajas a despertarse los sábados a las 8.00 y estar firmes en el parque a las 9.30. Te vamos a contar un secreto, se nos da fatal madrugar y se nos da peor ir al parque. Pero, al final, tienes que hacerlo. Si vives en la ciudad, sabrás que los niños necesitan salir, correr, liberar toda esa energía que les sobra y que a ti te falta.

Nuestra amiga Henar dice que hay que montar chiringuitos de cerveza. Mientras esperamos a que algún político lea esta petición y la incluya en su programa electoral, nuestro mejor consejo es elegir un parque con un bar amigo. Primero, porque los niños hacen pis y vas a necesitarlo, a no ser que estés en un espacio muy amplio y tengas un arbolito cerca. Segundo, porque en esas visitas al baño vas a poder tomarte un aperitivo y, como ya has desayunado a las 8.00, bien puede caer una caña a las 11.30.

Y siempre te queda la opción del cigarrillo electrónico o de la cerveza en el bolso de los *porsi*. ¡Joder, si parecemos alcohólicos y nosotros ni siquiera bebemos!

Si hay algún alcalde que esté leyendo este libro, le decimos: en Madrid tenemos unos parques que son una mierda, no pedimos mucho. Solo unos pocos árboles, un suelo blando y, si vais a poner juegos, que sean unos en los que los niños no corran peligro de muerte, no como el del parque de enfrente de nuestro cole, que tiene una arena infecta y unos troncos altos sin red para que los niños se caigan y se abran la cabeza. Por cierto, en este mismo parque han puesto una zona para perros con montículos y rampas de entrenamiento que es más grande que la zona de niños.

> Gente sin hijos, tenemos un mensaje para vosotros (en realidad vosotros no estaréis leyendo este libro, pero vuestros amigos os pueden pasar el mensaje): no vayáis a los parques infantiles. Tenéis muchas otras opciones de ocio. No vayáis. No os subáis a los columpios, ni hagáis botellón, ni dejéis colillas, o una terrible maldición caerá sobre vosotros como las de las pelis japonesas de miedo.

> Y, por último, gente con perros: id con una bolsita para limpiar sus mierdas. No metáis a vuestros perros en la zona de niños. Es más, ¿habéis visto las fuentes para beber agua? Son para los humanos, no para los animales.

Sabemos de lo que hablamos, hemos tenido un perro, amamos a los animales, solo nos caen mal sus dueños.

51. Vete al parque como si fueras Kim Kardashian o Angelina

Está claro, no eres millonaria/o ni tienes un ejército de *nannies* que cuiden de tus hijos. Pero tú, como ellas, puedes ir liviana de equipaje. Una pelota y punto.

Esta es una constante de este libro y de la vida en general: *keep it simple*.

Salir de casa ya es un acto bastante laborioso en sí mismo, así que trata de no ir al parque como si te fueras de puente a la playa. Cuando parte de tus fines de semana se convierte en una peregrinación por parques infantiles, tú, que antes ibas con una cerveza y unas gafas de sol, empiezas a reparar en aquellas familias que se llevan auténticos montajes: lonas, juegos de mesa, ping pong, críquet, picnic, cometas... error.

Te vamos a contar una regla de oro: al parque solo está permitido llevar una cosa. La vida es así de dura y tus hijos tienen que elegir: o ese día se juega a la pelota, o se monta en bici o se hacen burbujas.

Y te vamos a contar otra cosa aún mejor: podéis ir al parque sin nada y aun así los niños van a sobrevivir, porque en los parques suele haber juegos. Incluso, si tenéis suerte y no vivís en el centro de Madrid, suele haber árboles, hojas de otoño, o juegos para la tercera edad que también les flipan a los niños. Ah, y lo más importante, en los parques también hay otros niños. A malas pueden aburrirse y contemplar a los vecinos y los árboles y hacer nuevos amigos.

Antes nosotros salíamos solo con una bici y ahora los niños van casi que parecen Robocop, con cascos, rodilleras, coderas y demás artilugios, pero es la única concesión de parafernalia extra que vamos a permitir para que no nos miren mal los otros padres del parque.

Piénsalo bien, en el parque tu hijo necesita correr un poco, que le prestes un poco de atención. Y ya. Si nos apuras, no necesitas ni llevar agua, siempre tendrás un bar amigo que le dé un vaso de agua al chaval mientras tú te tomas el aperitivo.

Todos hemos caído en el engaño del *porsi*, ese mal que aqueja a los padres modernos. Este es un mal que sufrimos todos los padres del universo. Antes de salir de casa, empiezas a hacer quimeras sobre todas las cosas que te podrían pasar y terminas con un bolso enorme lleno de *porsis*: por si se cae, por si se hace pis, por si tiene hambre, por si se aburre, por si se moja, por si se ensucia, por si hace sol, por si llueve, por si tiene frío, por si tiene calor, por si tiene sed, por si quiere fruta, por si tiene sueño, por si se quiere tumbar en el césped.

A no ser que te vayas a una expedición de varios días a Siberia, lo más probable es que no necesites tantas cosas y que el bolso vaya y vuelva de paseo casi sin abrir; o sea, lo mismo que le pasa al libro que estás intentando leer desde hace un mes y que insistes en sacar a que le dé el aire.

En cuanto a tu vestimenta para ir al parque, lo importante es que seas práctico. En los parques pasan cosas, los niños vomitan o se golpean y muchos parques no tienen ese suelo blandito que da como un poco de tranquilidad, sino unas arenas bastante asquerosas llenas de piedrecitas, que ellos en algún momento de sus vidas intentarán llevarse a la boca. Si vas a estrenar unos zapatos, ¡búscate algo de vida social!: el parque no es el mejor lugar.

52. Los padres del parque

Si no tienes suficiente con los padres del colegio, ahora te toca interactuar o por lo menos compartir espacio y tiempo con los otros padres del parque. Ojo, nosotros con el tiempo nos hemos hecho amigos de algunos padres del cole, que incluso nos caerían bien aunque no tuviéramos vástagos en la misma clase. Pero el cupo de amistad ya lo tenemos bastante lleno como para tener que socializar con la gente de la plaza. Los padres de los parques son unos perfectos desconocidos que a veces tienen una necesidad tremenda de expresarse y ese resulta ser un buen foro para hacerlo. Aunque parezca cruel, hay que intentar no establecer contacto visual con ellos. Pero tampoco te pases.

Nos llama mucho la atención la madre superexcitada que en el parque tiene que hablar muy fuerte y darle indicaciones constantes a su hijo: «Sube al columpio», «Cómo nos estamos divirtiendo». Pues mira, si te estás divirtiendo a mí me da igual, así que no necesito que me lo grites al oído. También están los padres que te cuentan qué ha desayunado el niño, o las cacas de esa mañana. Ahí te tienes que aguantar. Todos hemos sido una madre de parque desesperada alguna vez. Todos hemos buscado la mirada cómplice de un adulto que se convertiría en el único adulto con el que íbamos a hablar ese día. O vas con cascos y eres un poco borde, o te solidarizas con esa persona que en realidad está un poco más desesperada que tú. Siempre puedes tener un as en la manga en forma de comentarios disuasorios del tipo: «No he prestado atención a las cacas de mi hijo porque estaba leyendo sobre la evolución de conflicto en Oriente Medio», «No, mi hija no va a extraescolares porque prefiere quedarse en casa pinchando música electrónica mientras hacemos la colada».

Por último, debemos decir que los padres que peor nos caen son aquellos que el fin de semana bajan al parque con la asistenta vestida con cofia, al estilo de institutriz inglesa. Los hemos visto, lo juramos. No os juzgamos, no nos podemos imaginar cómo serían nuestras vidas si fuéramos asquerosamente millonarios pero, joder, disimulad un poco.

PARTE 10

La importancia de los que no tienen hijos

Cuando te das cuenta de que no debes desaparecer de la faz de la tierra por tener hijos. La importancia de no romper el vínculo social con tus amigos de siempre por haberte reproducido. La importancia de pasar rato con gente que no piensa ni por asomo en tener hijos, es más, pasar tiempo con gente que aborrece a los niños. Pasar un fin de semana sin tus hijos y, lo más difícil, sin arrepentirte.

53. La importancia de tener amistad con gente que no tiene hijos

Los primeros años de nuestra vida paternal decíamos mucho la siguiente frase: «Gente sin hijos, no nos dais pena». Es verdad que los problemas de las personas que habían elegido no atar sus vidas a un pequeño tamagochi nos parecían casi de risa. Me acuerdo una vez que unas amigas nos mandaron la foto de su supuesta habitación en «caos por una mudanza». En la imagen se veía un amplio salón perfectamente recogido, con su sillón, su mesa, sus sillas y, en un costado, cuidadosamente ubicadas, unas cajas que parecían una instalación del Guggenheim. Daba la sensación de que podías chupar el suelo de lo limpio que estaba. Es verdad que cuando eres padre tienes menos tiempo, pero eso no te hace una persona con menos temas que resolver que el resto de los mortales.

Ser padre no te hace ni más feliz, ni más pringado, ni más ocupado. Aunque a nosotros nos cueste verlo, el resto de las personas están en el mismo volcán emocional que tú y tu vida cotidiana no es más alocada que la suya.

Mantener la amistad con gente que no tiene hijos es importantísimo. Aquí los motivos:

- ✓ Te permite salir del círculo conversacional parental. Esto amplía tus horizontes, descubres que hay vida más allá de la tuya y puedes hablar de un montón de temas que también, ¡oh, sorpresa!, te interesan: el feminismo, la decadencia de los *influencers* y *Cuarto milenio*.

- ✓ Conservas a los amigos a lo largo del tiempo. Tampoco podemos obviar el hecho de que, tarde o temprano, tus hijos se van a ir de tu casa y pasarán de ti como tú has pasado de tus padres. Si tú desapareces de la vida de tus amigos, no puedes volver a ella quince años después con cara de aquí no ha pasado nada. Alex, un amigo vasco muy divertido, nos contaba que la gente de su cuadrilla con niños de más de diez años quiere salir como antes. Y se enfadan porque después de comer él se quiere volver a casa a meterse debajo de la manta y ver la tele. «Antes no eras así.» Pues no: antes era joven, tenía más pelo, más energía; han pasado muchas cosas y no tenemos nada en común.

- ✓ Puedes compartir tiempo con gente autónoma sin tener que estar ejerciendo de madre. Este argumento nos lo comentó nuestra amiga Isa Calderón. Es verdad que la paternidad es un trabajo 24/7, pero pasar un rato con tus amigos no padres te hace tener otra perspectiva de la vida.

- ✓ La gente no tiene por qué tener hijos. Y, en especial, las mujeres no tienen por qué ser madres. Parece una obviedad, pero cuando eres padre se te olvida que hay gente que, oh, sabios de ellos, ha elegido no serlo. Es verdad que a veces te dan unas ganas tremendas de que tus amigas sucumban y se unan a tu club. Para que esos sentimientos no te ofusquen, puedes dejar de seguir su vida maravillosa en Instagram, o intentar quedar de vez en cuando sin que ella esté de resaca ni tú lleves la camisa manchada con las babas del bebé.

54. Consejos para seguir manteniendo la amistad de tus amigos sin hijos

Como hemos visto, tener amigos sin hijos es maravilloso. Además, ellos disfrutan de tus niños más que tú, los ven por un tiempo reducido y, justo antes de que se transformen en gremlins, se van. Estos son algunos consejos por si quieres que seguir manteniendo su amistad:

✓ Resérvate el momento «actuación» de los niños solo para ti. Tus amigos no tienen por qué aguantar a la nenita moviendo las manos como un ventrílocuo mientras unos padres desquiciados aplauden como si estuvieran en un concierto de Beyoncé.

✓ No mandes fotos de los niños. Repetimos, no mandes fotos de los niños. Tú los puedes ver muy guapos y muy graciosos pero, en el WhatsApp de tu amiga sin hijos, veinte fotos del bebé en distintas posiciones pueden terminar con su paciencia y vuestra amistad. Las fotos solo se enseñan cuando te preguntan y la mayoría de las veces lo hacen por *cortesía*.

✓ No abuses del «No puedo, no tengo canguro», «No puedo, tengo al niño con un poco de febrícula», «No puedo, he prometido fiesta de pijamas esta noche». Admítelo, prefieres quedarte en casa comiendo palomitas y viendo Netflix. Perfecto. Puedes decir la verdad, es mejor que sepan que eres una abuela en el interior de tu ser a que crean que has perdido la cordura por la maternidad.

✓ Nunca, nunca, nunca y bajo ningún concepto pienses que es buena idea ir a la casa de tu amigo gay soltero cuya residencia, en palabras de tu hijo de cuatro años, «parece un hotel». Niños en casas con paredes blancas no es muy buena idea. Aunque te digan «vente con los niños», no lo hagas.

✓ No vayas a cumpleaños en bares nocturnos. En la misma línea de lo anterior, si tu amiga de la juventud, esa con la que jurabas y perjurabas que no serías madre, te invita a su cumpleaños en un bar, no pases a saludar con los niños. Ni aunque tengas un bebé y esté dormido. Vuestras vidas van en paralelo y así está bien. Puedes saludarla por Instagram o por WhatsApp, pero siempre es mala idea pasarse por lugares no aclimatados para estar con niños.

✓ No te enfades cuando no quieran hacer de canguro. Pensarás que fueron ellos los que se ofrecieron entre copa y copa. Pero no lo decían de verdad, lo decían de mentirijilla.

Consejos de amigas

Como dice nuestra amiga Raquel Córcoles (Moderna de Pueblo), lo importante es que delante de gente que no tenga niños solo mostremos la parte idílica del asunto, para atraerlos al lado oscuro. Prueba a aparecer en las reuniones con pamela y gafas de sol de estrella del celuloide, para no perder el glamour.

55. Fin de semana sin hijos

A estas alturas del libro ya te habrá quedado clara la importancia que tiene en la vida buscar momentos íntimos para disfrutar y cuidar a tu pareja. No queremos ser pesados pero esto de la vida en común es como la vida de una planta: si no la riegas, se muere. Y qué mejor manera de cultivar la vida en común que una escapadita solos, SIN NIÑOS o, mejor, un fin de semana en tu casa SIN NIÑOS. Sí se puede, pasados unos meses es necesario abstraerse un rato de la intensa rutina parental para dedicarnos e invertir un poco de tiempo en nosotros mismos.

56. ¿Cómo no sentir arrepentimiento cuando uno deja a los niños con sus abuelos, un amigo o un canguro de confianza?

Una de las primeras sensaciones que vas a notar cuando tus hijos desaparezcan de tu vida por unas horas o unos días es un innegable vacío. Los hijos llenan mucho y la primera vez que te desprendes de ellos entras en shock. Tu ajetreada realidad se convertirá de repente en un lugar calmado y silencioso. Cuando veas las mesas y muebles de tu casa, apreciarás su forma y dejarás de ver sus esquinas peligrosas y todo, absolutamente todo, te recordará a tu churumbel. Este distanciamiento no hace más que reforzar el amor por los tuyos, así que no sufras demasiado y piensa en lo productivo del abandono. Además, ten en cuenta lo siguiente:

- ✓ Necesitas descansar. Es un hecho. Te has pasado los últimos meses cuidando a un cachorro sin pausa, has dormido intermitentemente o directamente no has dormido y la prioridad has dejado de ser tú. Ahora tienes la oportunidad de pasar un fin de semana de encefalograma plano, donde no tienes que hacer nada, cero preocupaciones. No tienes que estar pendiente de que uno de los tuyos se esnafre y puedes ir tranquilamente al mercado sin preocuparte de que tu hijo delincuente se escape.

- ✓ Retrocede a tu infancia. Trata de escarbar en tu memoria y acordarte de cuando te dejaban a ti en casa de otras personas. Acuérdate del entrañable momento en el que preparabas la maleta y la innegable sensación de libertad cuando tus padres te dejaban en casa de los abuelos. Aquella misma sensación la tendrá tu hijo, así que no sufras. Si llega el momento en el que tienes que dejar a tu hijo en casa de tus padres y tu hijo monta un numerito poniendo pucheritos o incluso derramando alguna lágrima, créele a medias. Los hijos son muy listos y nos mienten. Uno de nuestros hijos nos montaba un pequeño show cada vez que decidíamos huir de él, incluso con un canguro para ir a una cena. En todas las ocasiones, el berrinche le duraba lo que tardábamos en cerrar la puerta de casa o de la casa de acogida. Una vez cruzábamos el umbral que nos separaba, el drama desaparecía y el berrinche se convertía por arte de magia en felicidad. Además, los amigos, familiares y abuelos te van a decir algo que a lo largo de tu vida se convertirá en un clásico: «Hasta que has llegado tú, se ha portado fenomenal».

Parte 11
Consejos para no convertirse en una ameba social. Nuestro karma

En este capítulo nos ponemos un poco cursis, pero no lo podemos remediar. Cuando te das cuenta de que el tiempo pasa muy rápido y quieres alargarlo. Ese jarro de agua fría que te empapa cuando tus hijos pasan de ti. La importancia de dedicarles tiempo y atención. Cuando comprendes que no hay que obsesionarse y que todas las formas de criar, si son con cariño, son válidas. Criar en el feminismo. El ingrediente de la locura es esencial en la paternidad. La magia del amor infinito. Y nuestro karma reiterado: criar hijos es algo natural, no un máster en gilipollez humana.

Antes de terminar, nos gustaría arrojar un par de reflexiones para reforzar el karma que viene a defender este antimanual: tener un hijo es algo natural y no un máster en gilipollez humana. La vida moderna nos ha empujado a obsesionarnos con un montón de pautas y métodos para moldear a nuestra descendencia en una especie de ejército de seres superiores, entes con agendas más propias de un ministro que de un niño y personitas con poco manejo de la frustración. Como padres, deberíamos estar más preocupados por criar y educar a personas que por fabricar hiperhijos pluscuamperfectos. Ha quedado claro que para ser buenos padres no tenemos por qué estar al servicio de nuestros hijos; deberíamos ponerles límites igual que los tuvimos nosotros y dejar de tratarlos como si fueran hijos de un jeque árabe. La moda de la sobreprotección no tiene límites y, si ahora nos sorprendemos y nos echamos las manos a la cabeza con las maneras de los padres helicóptero, los mánagers o los guardaespaldas, pensemos en que todo puede ir a peor. La obsesión, el estrés y la sobreprotección pueden acentuarse. Sin duda, nos espera un futuro muy entretenido.

La realidad es que no hay una fórmula definitiva para criar hijos perfectos, pero sí un camino clarísimo para tratar de educar a buenas personas. Cuando nos preguntan qué nos gustaría que estudiaran o que fueran nuestros hijos, siempre contestamos lo mismo: me conformo con que sean buenas personas y, sobre todo, felices. Nuestra cruzada es esa, crear seres seguros capaces de sobrevivir en este loco mundo que nos ha tocado vivir. Dicho esto, te dejamos con una lista de obviedades sobre la relación con tus hijos que pueden resultar más importantes que millones de páginas sobre paternidad y que las instrucciones de cientos de gurús obsesionados con sentar cátedra en esto de la maternidad.

57. Aprovecha el tiempo. Pronto pasarán de ti

Es un hecho. Los niños crecen muy rápido, prácticamente mutan. Antes de que te quieras dar cuenta, tendrán acné y preferirán irse a un festival con amigos que de vacaciones contigo. Exactamente lo mismo que hiciste tú con tus padres, nada nuevo, ley de vida. Precisamente por eso no vale la pena amargarse, hay que exprimir el momento y aprovechar para ser unos pesados con nuestros hijos. Pero no pesados al estilo padres helicóptero, tratando de moldear hiperhijos a costa de nuestra salud mental y la suya, sino unos pesados dándoles todo el cariño que podamos. Aprovechemos para mimarlos y besuquearlos hasta que nos digan que somos unos pesados. Exprime el tiempo y disfrútalo. En poco tiempo, esos niños monísimos serán unos enormes bigardos y te arrepentirás por no haber vivido su infancia con más calma y sintonía.

58. Juega, solo necesitan un minuto de atención

Los niños son unos pesados. Lo quieren todo y lo quieren ahora. Les da igual levantarte a las cuatro de la mañana para pedirte un vaso de agua y por supuesto no dudan un instante en despertarte a las ocho un sábado.

Lloran cuando no lo necesitas y es habitual que sus llantos y berrinches te saquen de tus casillas. Nosotros hemos aprendido una cosa muy importante: los niños necesitan tu atención y muchas veces unos segundos de tu atención te ahorran miles de llantos y pataletas. Sabemos que la vida moderna es un estrés, sabemos lo que cuesta desconectar al llegar a casa después de diez horas fuera obedeciendo órdenes de un jefe medio lelo. Y sabemos lo duro que es hacerlo todos los días. Por eso es necesario desconectar y ver a nuestros hijos como un bálsamo antiestrés que nos ayuda a relajarnos. Dedicar tiempo a los tuyos, da igual si es de calidad o no, es esencial para la paz hogareña. En casa hemos prohibido los móviles a los mayores hasta que los niños se van a la cama. En cuanto caen fulminados, nos enganchamos como ansiosos *millennials* y nos entregamos a diseccionar el *timeline* de Instagram. Es extraño, pero llega un momento en que los niños te proporcionan una paz existencial inigualable. No desesperes, el momento llega y merece la pena aguardarlo.

59. Críalos en la igualdad o en el feminismo, que es lo mismo

El feminismo, según la RAE, es el principio de igualdad de derechos de la mujer y el hombre. Por tanto, educar en el feminismo es facilísimo si crees en la igualdad de las personas. Si tienes una niña, no reduzcas su juego a cocinitas y bebés. Si tienes un niño, no hagas lo mismo con coches y robots. A los niños también les gusta vestir muñecas y el color rosa. A las niñas les flipa construir cosas y hacer experimentos. ¿Conoces el *slime*? Es una especie de masilla casera que está causando furor en la juventud. Estuvimos en un cumpleaños chulísimo organizado por la hermana de Natalia donde el *highlight* fue un laboratorio de *slime*. Ahí, niños y niñas juntos y revueltos disfrutaron como enanos de la experiencia. Nadie se sintió excluido y, aunque la estampa era un poco sospechosa, pues parecían un ejército de Walter Whites cocinando cosas malas, triunfó el hermanamiento general.

Aún recordamos una Navidad en la que uno de nuestros niños recibió una cocinita ante la sorpresa de una tía, que proclamó que eso era un juego de niñas. Ya veis, hasta en las mejores familias pasan estas cosas.

Educar en el feminismo debería ser sencillo y hay mucha bibliografía sobre el tema. A nosotros nos encantó un librito muy pequeño llamado *Cómo educar en el feminismo*, de Chimamanda Ngozi Adichie. Con la excusa de escribir una carta a una amiga, la escritora da algunas sugerencias sobre cómo criar en la igualdad y el respeto, rechazar los roles de género y enseñarles independencia a nuestros hijos.

Un consejo sencillo que nos gustó de Chimamanda: fomenta la lectura. Los libros son una ventana al mundo que nos enseñan las distintas formas de habitar en él. Por suerte para nuestros hijos, vivimos en una época donde hay libros maravillosos cuyas narraciones transcurren fuera de los estereotipos y convenciones de género. Muchos de nosotros hemos crecido leyendo a Pippi Calzaslargas, una niña que venía a derribar los mandatos casposos de cómo tienen que comportarse las niñas. Si tu hijo quiere bailar o disfrazarse de *Frozen*, adelante. No tengas miedo, a menudo los mayores juzgamos más que nuestros hijos. Tenemos unos buenos amigos cuyos mellizos, ambos niños, decidieron ir a la fiesta de carnaval del cole vestidos de Campanilla y Peter Pan. No pasó nada, la jornada transcurrió con total normalidad para toda la clase.

Si tu hija quiere jugar al fútbol o aprender defensa personal, no la cortes. Ojalá a las madres de ahora nos hubieran enseñado a dar una buena patada cuando éramos pequeñas.

El feminismo no es solo una cuestión de chicas. Tienes que educar a tu hija y a tu hijo para que entiendan el significado de la palabra igualdad. Si tienes dudas, te preguntas: ¿si fuera un niño le dejaría hacer esto o lo otro? Si la respuesta es sí, ya sabes cómo tienes que comportarte con tu hija. Evita decir a las niñas que son guapas o princesas y a los niños que son listos o campeones. Si tu hija es una adicta al rosa, no te preocupes, ya se le pasará, pero mientras tanto puedes enseñarle el resto de los colores que el ojo humano es capaz de percibir.

Normaliza los distintos tipos de familias que hay y enséñales que se puede amar de muchas formas. Tienes suerte, tus hijos han nacido en una época de mucho cambio, en una de las mayores revoluciones de la humanidad.

Y, para terminar, como dice Chimamanda, preocúpate por que sean sanos y felices. Que su vida sea lo que ellos quieren que sea.

60. No hay padres perfectos

Por muchos libros que leas, gurús que sigas y métodos que obedezcas, el único camino a la felicidad de los padres es la práctica del método de ensayo y error. Este método heurístico consiste en probar algo y verificar si funciona. Si no funciona, se intenta una alternativa diferente. Es una práctica orientada a las soluciones, enfocada en encontrar una opción que no siempre es la mejor y, además, no necesitas conocimientos de ningún tipo para ponerla en marcha. Prueba y cágala. No pasa nada por hacer mal las cosas, siempre y cuando las hagas con amor. No pasa nada si un día se saltan una siesta. No es motivo de bronca o de depresión si tu hijo se zampa un buen helado con sirope de chocolate, aunque seas un talibán del azúcar. Y, por supuesto, no pasa nada si tu hijo no hace cuatro actividades extraescolares ni aprende dos idiomas.

61. Abracemos la chaladura

Uno de los placeres máximos de tener hijos es el diálogo. De repente, la mayoría de tus conversaciones, charlas y explicaciones las llevas a cabo con seres que tienen treinta años menos que tus amistades. Nuestro cerebro, sin quererlo, se enriquece con sus formas nobles, habla atropellada y onomatopeyas extrañísimas. De repente tu imaginario cinematográfico y seriéfilo se nutre de cientos de nuevos personajes loquísimos que hablan muy raro y deforman tu humor para siempre. Tus nuevos «amigos» te empujan a desarrollar tu creatividad de una forma más libre, a estar más despierto (en todos los sentidos), a improvisar, a mentir sin contemplaciones y, en definitiva, a infantilizar tu día a día. De repente, después de diez días de vacaciones con tus hijos, echarás de menos hablar con un adulto. Y un buen día te darás cuenta de que su influencia no solo salpica tus dramas domésticos, sino a tu persona en toda su plenitud.

62. No al narcisismo

Es rarísimo. Cuando éramos pequeños siempre mandaron los mayores y hoy que somos mayores mandan los niños. No tiene sentido, por eso debemos acabar con la hegemonía de los reyes de la casa. Aceptemos nuestra nueva condición como equilibristas de circo: pongamos límites sin oprimir y escuchemos con amor a nuestros hijos.

63. Amor infinito

En casa somos muy pro amor. Tenemos la teoría de que para ser un buen padre o madre, la clave no es la exigencia, sino el amor. Es la estrategia que seguimos. Al de catorce años todavía le hacemos mimos como si tuviera cuatro. Es nuestra manera de afianzar este núcleo familiar, de sellar esta sensación única de rebaño. Reproducirte eleva las cotas de amor hasta niveles insospechados y te mantiene alerta siempre. Cada vez que veas a tus hijos dormir, te fijarás irremediablemente en si respiran. Es así, porque lo primero siempre serán ellos. Y sí, hay algo mucho más duro que la falta de sueño o el dineral que dicen que cuesta criar hijos, y es la sensación terrorífica de que si algo les pasa algún día, tu corazón va a estar roto para siempre. Solo este hecho, esta situación que mientras la describimos nos humedece los ojos, debería ser suficiente para encontrar la mejor fórmula para criar hijos siendo felices.

64. Nuestro karma

La buena noticia es que llega un momento en el que los hijos se crían solos, y uno ya empieza a pensar en una amenaza más importante todavía que el miedo: la adolescencia. En casa estamos convencidos de que cualquier estrés o susto que hayamos pasado hasta la fecha se disparará y multiplicará por infinito a medida que nuestra plebe vaya creciendo. Solo de pensar en el momento en que nuestros cuatro hijos estén de marcha en distintos locales de la agitada noche madrileña, ya nos entra un estrés angustioso y empezamos a hiperventilar. Os juramos que se nos va mucho la cabeza con este tema, hemos pensado en soluciones loquísimas para tenerlos controlados y a salvo. Incluso hemos soñado con la posibilidad de que les podamos implantar un chip y a través de él podamos espiarlos y saber qué hacen, pero sobre todo si se encuentran bien. Porque cuando los niños son pequeños están en tu regazo, pero, a medida que se hacen mayores, crecen y deben salir a la jungla de la civilización. Seguro que seremos los típicos padres que los van a buscar en coche a la puerta de la disco de turno, que no nos acostaremos hasta que lleguen a casa y que espiaremos a sus parejas por redes sociales, todo muy triste... A Los Prieto Flores nos espera una vejez muy mala: la adolescencia de cuatro seres a la vez, pero eso ya es otra historia.